中学
入試

全科 社 理 算 英 国

JN000635

本書の特長

▶ 主要5科目の，学校でのテストや中学入試によく出るポイントを一問一答式の問題でまとめました。

▶ 付属の消えるフィルターを使って，何度も問題にチャレンジできます。

▶ 手軽なサイズでいつでもどこでも持ち歩くことができます。

▶ この本は『中学入試 全科の総まとめ』に対応しているためセットで学習を進めることができます。

本書の使い方

▶ 消えるフィルターを使って，解答をかくして問題を解いていきます。問題が解けるようになったら，チェックらん☑に✔をします。どれだけ身についたか確認し，解けなかった問題は解けるまで何度も取り組みます。

▶ 特に重要な問題には★印を示していますので，テストや入試までに完全にマスターするようにしておきましょう。

▶ 得点 アップ にはその単元の重要なポイントや補足事項などを簡潔にまとめています。理解できるまで何度も読み返しましょう。

▶ 解答のそばに，問題の解き方や考え方を示した 解説 を設けています。

本書のしくみ

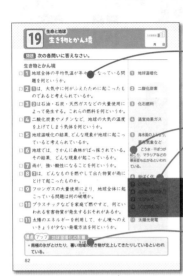

中学入試に頻出の問題を厳選して出題しています。問題に取り組みながら各単元の重要なポイントをインプットできます。

紙面の右側に解答を掲載しました。解答はフィルターでかくすことができます。また，特に注意したい問題には解説もついています。

消える
フィルター

テストや入試本番で得点をアップさせるために知っておきたい事柄をまとめています。直前の見直しなどに最適です。

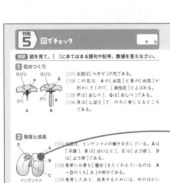

特集ページでは，入試に頻出の図やグラフ，資料に関するまとめの問題を掲載しています。

もくじ

写真提供　共同通信社／宮内庁三の丸尚蔵館／神戸市立博物館 Photo:Kobe City Museum/DNP artcom／ColBase (https://colbase.nich.go.jp)／国立国会図書館／首相官邸ＨＰ／新エネルギー・産業技術総合開発機構(NEDO)／長崎歴史文化博物館／ピクスタ／明治神宮聖徳記念絵画館　ほか (敬称略・五十音順)

💻 本書に関する最新情報は，当社ホームページにある**本書の「サポート情報」**をご覧ください。
（開設していない場合もございます。）

問題 次の各問いに答えなさい。

方位・縮尺

☐ **1** 地図 I 中で，「学校」は「わたしの家」から見て，東西南北のどの方位にあるか。

☐ **2** 地図 I 中で，「わたしの家」と「学校」は，約3cmはなれている。実際は何mはなれているか。

地図 I

1 北

2 750m

解説 地図 I の縮尺は2万5千分の1なので，3cmを25000倍して計算する。

等高線・地図記号

☐ **3** 地図2中の→は，のぼり坂・くだり坂のどちらか。

☐ **4** 地図2中で，A・Bの地図記号は何を表すか。

地図2

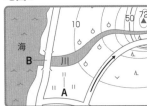

3 のぼり坂

解説 等高線の高さを表す数字から判断する。

4 A田

B橋

地図から見る特徴的な地形

☐ **5** 地図2中の川は，どの方位からどの方位に向かって流れているか。東西南北で答えよ。

☐ **6** 地図2中で，おもに果樹園に利用されているのは，どのような地形のところか。

5 東から西

解説 川は，山を下って流れ，海に流れこむ。

6 (例)川ぞいのゆるやかな斜面。

得点アップ 地図のルールをおぼえよう！

◆方位→特に注意がない場合，地図の上が北。下が南，右が東，左が西。
◆地図記号→文(小・中学校)，卍(神社)，Y(消防署)，田(病院) など。

社会
理科
算数
英語
国語

問題 次の各問いに答えなさい。

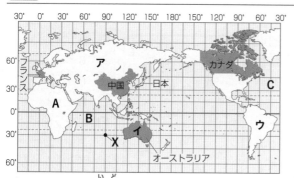

地球のすがたと緯度・経度

1 地図中の──の線を何というか。

2 日本は，北半球と南半球のどちらにあるか。地図を見て答えよ。

3 地図中の**X**の緯度・経度を答えよ。

地球儀と世界地図

4 地図中の**A**の大陸，**B**・**C**の海を何というか。

5 地図中の　　　の国々のうち，日本から見て南にある国はどの国か。

6 右の地球儀で見えていない大陸は，地図中の**ア**〜**ウ**のうちではどれか。

1 赤道

解説 赤道は，緯度０度の緯線である。

2 北半球

解説 赤道を境にして，北が北半球，南が南半球。

3 南緯３０度
東経９０度

4 **A**アフリカ大陸
Bインド洋
C大西洋

5 オーストラリア

6 ウ

解説 **ウ**は南アメリカ大陸。

得点 アップ 世界の大陸と海

◆ 世界の大陸→世界最大のユーラシア大陸など，６つの大陸。

◆ 世界の海→太平洋・大西洋・インド洋の３つの大洋。

3 地理 日本の位置・領域

入試重要度

月 日

問題 次の各問いに答えなさい。

日本の位置・領域

☐ 1 日本はおもに，地図中のA〜Dの4つの島からなる。それぞれの島を答えよ。

☐ 2 地図中で，日本の北のはしにあたるE，南のはしにあたるFの島を答えよ。

☐ 3 地図中の ▮ の国を答えよ。

日本の人口分布

☐ 4 表中の a にあてはまる，日本で最も人口の多い都道府県名を答えよ。

☐ 5 表中の b にあてはまる，1km² あたりの人口を表すことばを答えよ。

(2018年)

都道府県	人口 (千人)	b (人/km²)
a	13822	6300
神奈川県	9177	3798
大阪府	8813	4626
愛知県	7537	1457
埼玉県	7330	1930

(2020年版「データでみる県勢」)

☐ 6 日本で人口が多いのは，山間部・平野部のうちどちらか。

---

1 A北海道
B本州
C四国
D九州

2 E択捉島
F沖ノ鳥島

解説 西のはしは与那国島，東のはしは南鳥島。

3 大韓民国（韓国）

4 東京都

5 人口密度

解説 人口÷面積で計算する。

6 平野部

得点 アップ 領土をめぐる問題

・北方領土→ソビエト連邦が不法に占拠し，引き続きロシア連邦が占拠。
・竹島→韓国が不法に占拠。
・尖閣諸島→中国などが領有権を主張。

社会

理科

算数

英語

国語

問題 次の各問いに答えなさい。

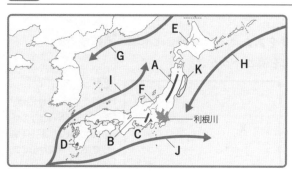

利根川

日本の山地・山脈，川と平地

1 地図中の**A・B**の山脈を答えよ。

2 地図中の**C**の日本で最も高い山，**D**の火山を答えよ。

3 地図中の**E・F**の川を答えよ。

4 地図中の利根川ぞいに広がっている，□□□の平野を答えよ。

日本の海岸と周囲の海流

5 地図中の**G～J**の海流を答えよ。

6 地図中の**G・H**のような，水温の低い海流を何というか。

7 地図中の**I・J**のような，水温の高い海流を何というか。

8 地図中の**K**のような，入り組んだ海岸を何というか。

1 A 奥羽山脈
　B 赤石山脈

2 C 富士山
　D 桜島（御岳）

3 E 石狩川
　F 信濃川

4 関東平野

5 G リマン海流
　H 親潮（千島海流）
　I 対馬海流
　J 黒潮（日本海流）

6 寒流

7 暖流

8 リアス海岸

得点 アップ 日本の地形と周囲の海

- 日本の地形→国土の4分の3が山地。火山が多い。大きな川ぞいに平野。
- 日本の周囲の海→太平洋・日本海の沖合を海流が流れる。

5 日本の気候

問題 次の各問いに答えなさい。

日本の気候の特色

☐**1** 日本の気候に影響をあたえる，季節ごとにふく向きが変わる風を何というか。

1 季節風

☐**2** **1**の風のうち，冬にふく向きを示しているのは地図中の**X・Y**のどちらか。

2 X

解説 日本列島には，冬には大陸から北西の季節風が，夏には太平洋から南東の季節風がふきつける。

☐**3** 夏から秋にかけ，日本列島に上陸して大雨や強風をもたらす，熱帯の海上で発生する低気圧を何というか。

3 台風

☐**4** 右のグラフは，ある都市の月別の平均気温と降水量を表している。このグラフが表している都市は，上の地図中の**ア～エ**のうちどこか。

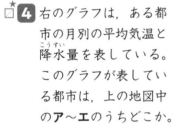

気温　降水量
30℃　500mm

（2020年版「理科年表」）

4 イ

解説 グラフは冬の降水量が多いので，日本海側の気候である**イ**（金沢市）のものだとわかる。

☐**5** 6月の中ごろから7月にかけて，日本列島の大部分が雨雲におおわれ，雨の日が続く。この時期を何というか。

5 つゆ（梅雨）

得点 アップ 日本の冬の気候

◆日本海側→北西の季節風の影響で，雪がたくさん降る。
◆太平洋側→日本海側に雪を降らせた季節風により，乾燥した風がふく。

社会
理科
算数
英語
国語

問題 次の各問いに答えなさい。

日本の農業の特色

[ ]**1** 右の**グラフ1**で, 耕地全
体に占める田の割合はど
れくらいか。四捨五入し
て, 整数で答えよ。

**グラフ1 日本の耕地
面積の割合**

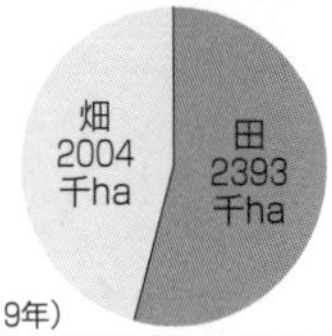

畑
2004
千ha

田
2393
千ha

(2019年)
(2020/21年版「日本国勢図会」)

[ ]**2** **グラフ1**中の田で行われ
る①代かきと②稲かりは, それぞれ春・夏・秋・
冬のどの時期に行われるか。

[ ]**3** 同じ耕地で, 米から麦など, それまでとは別
の種類の農作物を栽培することを何というか。

[ ]**4** 化学肥料や農薬にたよらず農作物を栽培する
ことを何というか。

[ ]**5** 右の**グラフ2**で, オーストラリアの農業をす
る人1人あたりの農
地面積は, 日本の約何
倍か。四捨五入して,
十の位まで答えよ。

**グラフ2 農業をする人1人
あたりの農地面積**

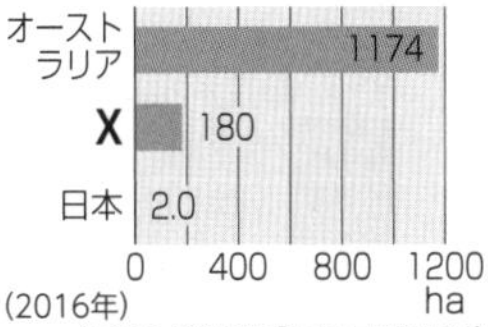

オーストラリア		1174
X	180	
日本	2.0	

0　400　800　1200
(2016年)　　　　　ha
(2019/20年版「世界国勢図会」)

[★]**6** **グラフ2**中の**X**の国で
は, 広い農地で機械な
どを使った大規模な農業が行われていて, 小
麦やとうもろこしの生産・輸出がさかんであ
る。この国を答えよ。

---

1 54%

2 ①春
②秋

3 転作

4 有機栽培
解説 たい肥などを肥
料として使う。

5 約590倍

6 アメリカ合衆国
解説 日本はアメリカ
合衆国から小麦やとうも
ろこしなどを多く輸入し
ている。

得点 アップ 日本の農業

◆ 耕地面積の割合→全体の50%以上が田だが, 耕作放棄地も増えている。
◆ 1人あたりの農地面積→せまい農地で多くの人が働いている。

問題 次の各問いに答えなさい。

各地の農業

☐ **1** 右の地図中で，2018年の都道府県別の野菜・畜産の生産額が1位のX，米の生産額が1位のYの都道府県名を答えよ。

☐ **2** 地図中の◯の地域でさかんな，ビニールハウスなどを使い野菜の生育を早め，市場に早く出荷する栽培方法を何というか。

☐ **3** すずしい気候を生かした野菜づくりがさかんな地域は，地図中の**ア〜エ**のうちどこか。

日本の食料自給率

☐ **4** 右の表の**ア〜エ**のうち，日本にあてはまるものはどれか。

各国の食料自給率

	ア	イ	ウ	エ
穀類	127	113	28	189
総合	130	95	37	127

(2020/21年版「日本国勢図会」)

☐ **5** 食料自給率を上げるためのくふうとして，輸入した食料ではなく，その土地でとれた食料を食べる取り組みを何というか。

---

1 X 北海道
Y 新潟県

2 促成栽培

解説 ほかの産地よりも早く市場に出荷できるので，高く売ることができる。

3 イ

解説 内陸の高原地域では，キャベツやレタスなど，すずしい気候に向いた野菜の栽培がさかんである。

4 ウ

解説 日本の食料自給率はほかの先進国に比べて低い。**ア**はアメリカ合衆国，**イ**はドイツ，**エ**はフランス。

5 地産地消

得点 アップ 食料自給率

◆食料自給率とは？→消費される食料全体のうち，国産の食料の割合。
◆日本の食料自給率→主食の米はほぼ100%だが，小麦は12%（2018年）。

8 地理 日本の水産業

入試重要度 ■■□

月　日

問題 次の各問いに答えなさい。

日本の水産業の特色

1 右の地図中で，2017年の漁港別の水あげ量が1位の**X**，2位の**Y**の漁港名を答えよ。

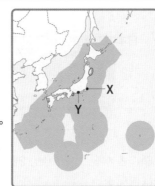

2 地図中の◯の海岸では，入り組んだ複雑な海岸線を生かし，人の手で魚や貝を育て，大きくなったら出荷する漁業がさかんである。このような漁業を何というか。

3 地図中の███は，日本の漁船だけが漁をできる海域である。この海域の広さは，日本の沿岸から何海里か。

4 右の**A**・**B**のように行われる漁を何というか。

5 10t以上の船を使って，数日がかりで行われる漁業を何漁業というか。

---

1 X銚子港
　Y焼津港

2 養殖業（養殖漁業）

解説 卵や小さい魚を育ててから海に放し，大きくなってからとるのは栽培漁業。

3 200海里

解説 1海里は1852mなので，200海里は約370km。

4 A—一本釣り
　B—巻きあみ漁

5 沖合漁業

解説 かつては遠い海で長期間にわたって大型の魚をとる遠洋漁業がさかんであったが，現在はおとろえた。

得点 アップ 日本の水産業

◆おもな漁業→遠洋漁業・沖合漁業・沿岸漁業・養殖業・栽培漁業
◆日本の漁獲量→1970年代以降，減っている。輸入量が増えている。

9 日本の工業 (1)

月 日

問題 次の各問いに答えなさい。

日本の工業

☐ **1** 1970年から2017年にかけて大きく割合が下がっている，右のグラフ中のXの品目は何か。

日本の工業製品出荷額の割合

			食料品10.4		X7.7
1970年	金属 19.3%	機械 32.3			その他 19.7
			化学10.6		
2017年	13.4%	46.0	13.1	12.1	14.2
				1.2	

0 10 20 30 40 50 60 70 80 90 100%
(2020/21年版「日本国勢図会」など)

☐ **2** グラフで，2017年の工業製品出荷額に占める，「その他」を除く重化学工業の割合は何%か。

さまざまな工業

☐ **3** 次の①・②の製品は，グラフ中のどの品目にあてはまるか。
①鉄鋼　②魚のかんづめ

☐ **4** グラフ中の「機械」にふくまれる自動車工業では，地球環境にやさしい自動車づくりが進められている。右の図のような自動車を何というか。

水素タンク
空気 水素
電流
モーター
特殊な電池
水

☐ **5** 石油化学工業や鉄鋼業などで見られる，原料・燃料・製品などの面で関係が深い工場どうしが結びついた工場の集団を何というか。

1 せんい

2 72.5%

解説 グラフ中で重化学工業にあたるのは，金属・機械・化学。

3 ①金属
②食料品

4 燃料電池自動車

解説 水素と酸素からつくった電気で動く自動車。ガソリンで動く自動車とちがって，大気汚染などの原因となる排出ガスを出さない。

5 コンビナート

解説 岡山県倉敷市の水島地区には，大規模な石油化学コンビナートがある。

得点 アップ さまざまな工業

◆重化学工業→金属・機械・化学など，重量の重いものを生産する。
◆軽工業→食料品・せんいなど，重量の軽いものを生産する。

10 地理 日本の工業（2）

入試重要度 ■■■

月 日

社会 / 理科 / 算数 / 英語 / 国語

問題 次の各問いに答えなさい。

工業のさかんな地域

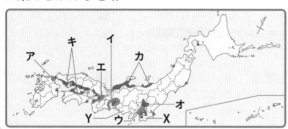

1 上の地図中で，化学工業がさかんな**X**，楽器やオートバイがさかんな**Y**の都道府県名を答えよ。

2 地図中の▲は，おもな製鉄所である。製鉄所は，おもにどんなところに建てられているか。

3 右のグラフにあてはまる工業地帯は，地図中の**ア～エ**のうちどれか。その工業地帯名も答えよ。

品目別の工業製品出荷額

せんい0.8
食料品4.7
その他9.5
化学6.2
金属9.4
計577854億円
機械69.4%

（2017年）（2020/21年版「日本国勢図会」）

4 冬の仕事として，右の図のような製品をつくる工業が発達した工業地域は，地図中の**オ～キ**のうちどれか。その工業地域名も答えよ。

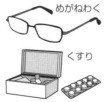

めがねわく

くすり

1 X 千葉県
Y 静岡県

2 （例）海の近く

解説 製鉄所が海の近くにあると，原料や製品を船で輸送するのに便利。

3 イ，中京工業地帯

解説 愛知県・三重県を中心に広がる工業地帯。

4 カ，北陸工業地域

解説 雪が多い日本海側の地域では，冬の間農業ができないので，屋内でできるめがねわくなどの製造が広まった。

得点 アップ 日本の工業地帯

◆ 三大工業地帯→京浜工業地帯（東京都・神奈川県），中京工業地帯（愛知県・三重県），阪神工業地帯（大阪府・兵庫県）

問題 次の各問いに答えなさい。

日本の資源・エネルギーの特色

☐ **1** 右のグラフ中の**A**に
あてはまる発電エネ
ルギーを答えよ。

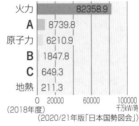

発電方法別の発電量

火力	82358.9
A	8739.8
原子力	6210.9
B	1847.8
C	649.3
地熱	211.3

0　20000　60000　100000
千万kW/時

(2018年度)
(2020/21年版「日本国勢図会」)

☐ **2** グラフ中の火力発電
に使われる原油・石
炭などをまとめて何
燃料というか。

☐ **3** 日本は，火力発電の燃料のほとんどを外国か
ら輸入している。このうち，原油のおもな輸
入先は西アジアの何湾に集中しているか。

☐ **4** 原子力発電は火力発電のように　**a**　は出さ
ないが，重大事故がおきたときの被害の大き
さや　**b**　廃棄物の処理が課題となる。**a**，
b　にあてはまる語句を答えよ。

☐ **5** グラフ中の**B・C**に
は，右の写真の設備
を使った発電の方法
があてはまる。それ
ぞれ，あてはまる発
電エネルギーを答え
よ。

B

C

1 水力

2 化石燃料

3 ペルシア湾

解説　西アジアのアラ
ビア半島周辺は，世界で
も有数の原油の生産地。

4 a 二酸化炭素
b 放射性

解説　化石燃料を燃や
すと地球温暖化の原因と
なる二酸化炭素が発生す
る。

5 B 太陽光
C 風力

得点 アップ　発電エネルギー

◆日本の発電エネルギー→現在は火力発電が中心。
◆新しいエネルギー→太陽光・風力・地熱など，自然のなかにあるエネルギー。

16

12 地理 日本の貿易

入試重要度

月 日

問題 次の各問いに答えなさい。

社会

理科

算数

英語

国語

日本の輸出・輸入

1 右の**グラフ1**中の A〜Cにあてはまる輸出品目を答えよ。

2 近年まで日本の貿易の特徴であった，原料を輸入して工業製品をつくり，輸出する貿易を何というか。

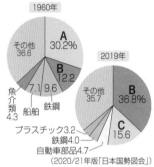

グラフ1 日本の輸出品目の変化

1960年
その他 36.6
A 30.2%
B 12.2
魚介類 4.3
船舶 7.1
鉄鋼 9.6

2019年
その他 35.7
B 36.8%
C 15.6
自動車部品4.7
鉄鋼4.0
プラスチック3.2

(2020/21年版「日本国勢図会」)

貿易相手国と貿易港

3 右の**グラフ2**中のX・Yにあてはまる国名をそれぞれ答えよ。

4 外国との貿易で，①石油や自動車，②集積回路や生鮮食品を運ぶのに適した輸送手段はそれぞれ何か。

5 日本で最も貿易品の取りあつかい額の多い港(空港)はどこか。

グラフ2 日本の国別の輸入額

その他 51.3
X 23.5%
合計 78.6兆円
Y 11.0
オーストラリア 6.3
サウジアラビア3.8
韓国4.1

(2019年)
(2020/21年版「日本国勢図会」)

1 Aせんい品
B機械類
C自動車

解説 1960年ごろの日本の中心産業はせんいであった。

2 加工貿易

解説 現在では，日本企業が外国に工場をつくって生産し，日本に輸出するようになった。

3 X中国
Yアメリカ合衆国

4 ①船
②飛行機

解説 燃料や自動車などの大型の機械を大量に運ぶのには，船が適している。

5 成田国際空港

得点 アップ 日本の貿易

◆貿易品目→かつては加工貿易がさかん。現在は製品の輸入が増えている。
◆貿易相手国→中国・アメリカ合衆国が多い。近年は中国が大きく増加。

17

問題 次の各問いに答えなさい。

日本の運輸・交通

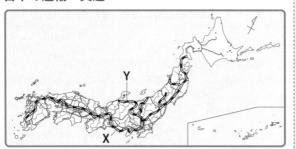

☐ **1** 地図中の **X・Y** の新幹線の路線名を答えよ。

☐ **2** 地図中の———は，自動車を使った輸送には欠かせない交通網である。この交通網は何か。

くらしと情報

☐ **3** 右の図のような，一度に多くの人々に情報を送るものを何というか。

テレビ　　新聞

☐ **4** 右の図のうち，最も新しく登場したもので，情報の検索などにもすぐれているものは何か。

ラジオ　インターネット

☐ **5** 図のようなものを通して伝えられるたくさんの情報から，必要な正しい情報を選び，利用する能力や技能を何というか。

---

1 X 東海道新幹線
　　Y 北陸新幹線

解説 北陸新幹線は，2015年に長野県の長野駅と石川県の金沢駅間が開通した。

2 高速道路

3 マスメディア

解説 「マス」は，「多くの」という意味。

4 インターネット

解説 衛星や海底ケーブルを通して，世界中のどこからでもパソコンや携帯電話で情報を送ったり受け取ったりできる。

5 メディアリテラシー

得点アップ 日本の運輸・交通

◆ 鉄道→新幹線の整備が進む。地方では，廃線になる在来路線もある。
◆ 自動車→自動車の普及，高速道路の整備により運輸の中心に。

社会

理科

算数

英語

国語

問題 次の各問いに答えなさい。

日本の自然災害

1 右の地図中の**X**の地域に津波などの被害をあたえた，2011年3月11日におこった地震による災害を何というか。

2 右の地図中で，雪害が最もおこりやすいと考えられるのは，**ア～エ**のうちどこか。

森林のはたらきと林業

3 森林は，ダムのように水をたくわえる機能があることから「○のダム」と呼ばれる。○にあてはまる語句は何か。

4 日本では，国産木材と輸入木材のどちらの供給量の方が多いか。

日本の公害と地球環境問題

5 右の表の**A～D**にあてはまる公害病は何か。

6 二酸化炭素などの排出量の増加がおもな原因とされる，地球の気温が上がる環境問題を何というか。

日本の四大公害病

病名	おもな発生地域
A	熊本県
B	富山県
C	新潟県
D	三重県

1 東日本大震災

2 イ

3 緑

解説 ほかに，災害を防ぐ役割などもある。

4 輸入木材

解説 日本の木材自給率は36.6％（2018年）である。

5 A水俣病
　　B イタイイタイ病
　　C 新潟水俣病
　　D 四日市ぜんそく

6 地球温暖化

解説 二酸化炭素などには，太陽の熱を地球の大気中に閉じこめるはたらきがある。

得点 アップ 日本の自然災害

◆沿岸部→地震による津波，台風や大雨による洪水　など。
◆山間部→台風や大雨による土砂くずれ，雪の多い地域では雪害　など。

問題 次の各問いに答えなさい。

九州地方のすがた

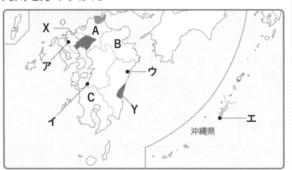

沖縄県

☐ **1** 地図中の**A**～**C**の都道府県名を答えよ。

☐ **2** 地図中の■に広がる，かつて製鉄業などで栄えた工業地域を何というか。

☐ **3** 米づくりがさかんな地図中の**X**の平野，野菜の促成栽培がさかんな地図中の**Y**の平野を何というか。

☐ **4** 地図中の沖縄県では，右の図中の■の施設の割合が，県全体の面積の約10％を占めている。この施設は何か。

(2019年)

☐ **5** 四大公害病の1つである水俣病が最初に確認された場所は，地図中の**ア**～**エ**のうちどこか。

1 A 福岡県
B 大分県
C 鹿児島県

2 北九州工業地域

解説 八幡製鉄所を中心に，この地域で産出がさかんな石炭を使った製鉄業で栄えたが，エネルギー源が石炭から石油に代わると，製鉄業もおとろえていった。

3 X 筑紫平野
Y 宮崎平野

4 アメリカ軍の基地

5 イ

解説 水俣病が最初に確認されたのは，熊本県の水俣湾周辺である。

得点 アップ 九州地方の産業

◆農業→北部：広い平野での稲作など。南部：温暖な気候を生かした畑作など。
◆工業→かつては製鉄業で栄えた。現在は，IC工場などが進出。

問題 次の各問いに答えなさい。

中国・四国地方のすがた

1 地図中の**A〜C**の都道府県名を答えよ。

2 なすやピーマンなどの促成栽培がさかんに行われているのは、地図中の**A〜C**のどこか。

3 地図中の■にある、船で運んできた原油の加工工場を中心とする工業施設の集まりを何というか。

4 地図中の**ア〜ウ**の本州四国連絡橋の1つで、岡山県と香川県を結ぶものはどれか。また、この橋を何というか。

5 世界文化遺産に登録されている右の写真の建物がある都市は、地図中の**エ〜キ**のうちどこか。

6 地図中の━━の山脈周辺などの地域では、人口の減少が進み、社会生活が不便になっている地域が多い。このような地域を何というか。

1 A 山口県
B 高知県
C 鳥取県

2 B

解説 Bの高知県の高知平野では、暖かい気候を生かした促成栽培がさかんで、高知県のなすの生産量は全国の都道府県で最も多い(2018年)。

3 石油化学コンビナート

4 イ、瀬戸大橋

5 オ

解説 写真は、第二次世界大戦中にアメリカから原子爆弾を落とされた広島市の「原爆ドーム」。

6 過疎地域

得点 **アップ** 中国地方の地域区分
◆山陰地方→日本海側(鳥取県・島根県など)。
◆山陽地方→瀬戸内海側(岡山県・広島県など)。

問題 次の各問いに答えなさい。

近畿地方のすがた

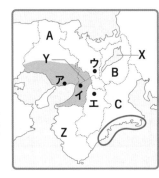

☐**1** 地図中の **A ～ C** の都道府県名を答えよ。

☐**2** 日本で最も広い湖である地図中の **X** と，**X** を水源（すいげん）として大阪湾（おおさかわん）に流れこむ **Y** の川を何というか。

☐**3** 地図中の◯◯のような複雑な形の海岸を何というか。

☐**4** かつて 1000 年以上にわたり都が置かれ，現在でも碁盤（ごばん）の目のように整備された町なみが見られる都市は，地図中の**ア～エ**のうちどこか。

☐**5** 地図中の ▨ の地域（ちいき）に広がる工業地帯を何工業地帯というか。

☐**6** 右のグラフは，地図中の **Z** の県などで栽培（さいばい）がさかんな果実の都道府県別の生産量を表している。この果実は何か。

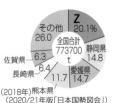

Z 20.1%
全国合計 773700 t
静岡県 14.8
愛媛県 14.7
熊本県 11.7
長崎県 6.4
佐賀県 6.3
その他 26.0
（2018年）
（2020/21年版「日本国勢図会」）

1 A兵庫県（ひょうご）
B滋賀県（しが）
C三重県（みえ）

2 X琵琶湖（びわこ）
Y淀川（よど）

3 リアス海岸

解説 リアス海岸は波がおだやかで，養殖（ようしょく）などに利用されることが多い。志摩半島（しま）のリアス海岸では，真珠（しんじゅ）の養殖がさかんである。

4 ウ

解説 京都市（きょうと）には，794年から1868年までの間，都が置かれた。

5 阪神工業地帯（はんしん）

6 みかん

得点 アップ 近畿地方に置かれた都

◆奈良県（なら）→奈良市に平城京（へいじょうきょう）が置かれる（710 ～ 784 年）。
◆京都府→京都市に平安京（へいあんきょう）が置かれる（794 ～ 1868 年）。

社会
理科
算数
英語
国語

問題 次の各問いに答えなさい。

東海地方のすがた

1 地図中の**X**の都道府県名を答えよ。

2 地図中の**A**の平野と, 下流域に見られる水害に備えて周りを堤防で囲んだ地域を何というか。

中央高地地方のすがた

3 地図中の**B**の日本アルプスにふくまれる山脈と, **C**のくだものの栽培がさかんな盆地を何というか。

4 地図中の長野県が県境を接している都道府県は, 全部でいくつあるか。

北陸地方のすがた

5 地図中の**Y**の都道府県名を答えよ。

6 地図中の**D**のリアス海岸の湾と, **E**の島を何というか。

7 地図中の★の都市で有名な, 右の写真の伝統的工芸品を何というか。

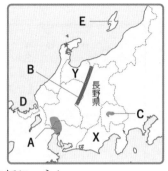

1 静岡県

2 A 濃尾平野
　　輪中

3 B 飛驒山脈
　　C 甲府盆地

解説 日本アルプスとは, 本州中央に広がる3つの山脈のことで, 飛驒山脈・木曽山脈・赤石山脈を指す。

4 8つ

解説 新潟県, 富山県, 岐阜県, 愛知県, 静岡県, 山梨県, 関東地方の埼玉県, 群馬県の8県。

5 富山県

6 D 若狭湾
　　E 佐渡島

7 輪島塗

得点 アップ　中部地方の地域区分

◆ 東海地方→太平洋側(静岡県・愛知県・岐阜県南部・近畿地方の三重県)
◆ 中央高地地方→内陸部(山梨県・長野県・岐阜県北部)
◆ 北陸地方→日本海側(新潟県・富山県・石川県・福井県)

問題 次の各問いに答えなさい。

関東地方のすがた

☐ **1** 地図中の**A**〜**C**の都道府県名を答えよ。

☐ **2** 地図中の**X**の日本最大の流域面積をもつ川と，**Y**の日本で最も水あげ量が多い港（2017年）を何というか。

☐ **3** 関東地方の台地などをおおっている，火山灰が積もった赤土を何というか。

☐ **4** 地図中の千葉県，茨城県では，大消費地の東京向けに野菜などを栽培する農業がさかんである。このような農業を何というか。

☐ **5** 新聞社や出版社が多く集まっているため，東京都で特にさかんな工業は何か。

☐ **6** 通勤ラッシュがおこり過密化が大きな問題になっているのは，地図中の**ア**〜**エ**のうちどこか。

☐ **7** **6**のような地域では，一般に，昼の人口と夜の人口はどちらが多くなるか。

1 A埼玉県
B栃木県
C神奈川県

2 X利根川
Y銚子港

3 関東ローム

4 近郊農業

解説 千葉県・茨城県からは，トラックなどを使って新鮮な野菜などを東京に輸送することができる。

5 印刷業

6 ウ

解説 日本の政治・経済・文化などの中心地である東京には，多くの人が住んだり勤めたりしている。

7 昼の人口

得点 アップ 関東地方の農業

◆東京近郊→大消費地に近いことを生かした近郊農業。
◆内陸の高原地帯→夏でもすずしい気候を生かした高原野菜の栽培。

20 東北地方，北海道地方

問題 次の各問いに答えなさい。

社会
理科
算数
英語
国語

東北地方のすがた

1 地図中のX～Zの都道府県名を答えよ。

2 地図中のAの本州の北のはしにある半島と，Bの米づくりがさかんな平野を何というか。

3 東北地方の中心都市である地図中の★の都市名を答えよ。

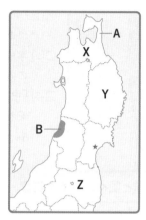

北海道地方のすがた

4 地図中のCの川を何というか。

5 地図中の・は北海道の道庁所在地である。何市というか。

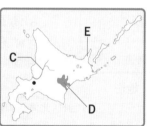

6 地図中のDの大規模な農業が行われている平野と，Eの世界自然遺産に登録されている半島を何というか。

7 北海道の先住民族の人々を何というか。

---

1 X青森県
Y岩手県
Z福島県

2 A下北半島
B庄内平野

解説 庄内平野のほか，秋田平野や仙台平野などでも稲作がさかんである。

3 仙台市

4 石狩川

5 札幌市

解説 明治時代に開拓が始まってつくられた都市で，碁盤目状に区画されている。

6 D十勝平野
E知床半島

7 アイヌ〔の人々〕

得点 アップ 北海道の農業

◆米づくり→中西部の石狩平野，上川盆地などでさかん。
◆畑作・酪農→南東部の十勝平野で畑作，東部の根釧台地で酪農がさかん。

問題 図を見て，[　]にあてはまる語句を答えなさい。

1 地図の見方

☑(1)「中央通り」は，川ぞいを[① 南北]に走る道路である。

☑(2) 学校から見て，神社は[② 北東]の方位にある。

☑(3)「中央通り」を曲がり「豊作小道」を歩くと，左手には[③ 田]が，右手には[④ 果樹園]が広がっている。

2 世界の大陸・海洋と国々，日本の位置・領域

☑(1) 日本の東には，世界一広い海洋である[⑤ 太平洋]が広がっている。

☑(2) 日本の西には，世界一広い国である[⑥ ロシア連邦]と，世界一人口が多い国[⑦ 中華人民共和国(中国)]がある。

3 日本の都道府県，地形

☑(1) 北海道の道庁所在地は[⑧ 札幌]市，[⑨ 愛知]県の県庁所在地は名古屋市である。

☑(2) 日本の標準時子午線は，[⑩ 兵庫]県明石市を通る。

☑(3) 東北地方を東西に分ける山脈は[⑪ 奥羽]山脈である。

☑(4) 茨城県と千葉県の県境には，[⑫ 利根]川が流れている。

4 日本の気候

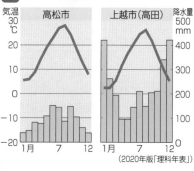

(2020年版「理科年表」)

□(1) [⑬ 瀬戸内海] に面している高松市は，上越市に比べ，年間の降水量が[⑭ 少な]くなっている。

□(2) [⑮ 日本海] に面している上越市は，雪が多く降るため，[⑯ 冬]の降水量が多くなっている。

5 日本の農業

●農業生産額が多い都道府県

順位	都道府県	おもな生産物
1位	[⑰北海道]	米，小麦，ばれいしょ など
2位	鹿児島県	[⑱肉]用牛，ぶた など
3位	茨城県	はくさい，ピーマン など
4位	千葉県	ねぎ，日本なし など
5位	宮崎県	[⑱肉]用牛，ブロイラー など

(2017年)　(2020年版「データでみる県勢」)

□(1) 農業生産額1位の[⑰ 北海道]では，野菜づくりや畜産などの大規模な農業が行われている。

□(2) 2位の鹿児島県は畜産が特にさかんで，同じ九州地方の熊本県・宮崎県とともに[⑱ 肉]用牛の飼育がさかんである。

□(3) 3位の茨城県，4位の千葉県から大消費地の[⑲ 東京]には，農作物を新鮮なまま運ぶことができる。

6 日本の工業，資源・エネルギー，貿易

●日本の貿易品目の割合

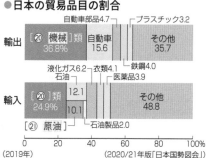

(2019年)　(2020/21年版「日本国勢図会」)

□(1) 日本の最大の輸出品は[⑳ 機械]類で，自動車などの輸出がさかんである。

□(2) 日本は，火力発電の燃料となる[㉑ 原油]や液化ガスなどの資源のほとんどを，輸入にたよっている。

社会

理科

算数

英語

国語

21 政治 日本国憲法と基本的人権

入試重要度

月　日

問題 次の各問いに答えなさい。

日本国憲法の制定

☐ **1** 日本国憲法が①公布，②施行されたのはそれぞれいつか。

国民主権

☐ **2** 大日本帝国憲法で主権者だった天皇は，日本国憲法ではどのような位置づけとされているか。

☐ **3** 右の資料にあるような国事行為を天皇が行うときに必要なことは何か。

・憲法改正，法律，条約などを公布する。
・国会を召集する。
・衆議院を解散する。

基本的人権の尊重と国民の義務

☐ **4** 日本国憲法で国民の義務として定められているものは，納税，子どもに普通教育を受けさせることのほかに何か。

☐ **5** 障がいのある人だけでなく，すべての人にとって使いやすい施設や商品づくりなどをめざす設計(デザイン)のことを何というか。

☐ **6** 基本的人権のうち，右の資料に示されている権利を何というか。

第25条　すべて国民は，健康で文化的な最低限度の生活を営む権利を有する。

平和主義

☐ **7** 日本国憲法の三大原則のうち，平和主義について定めているのは第何条か。

---

1 ①1946年11月3日 ②1947年5月3日

解説 5月3日は憲法記念日，11月3日は文化の日となっている。

2 象徴

解説 天皇は政治についての権限をもたないこととされた。

3 内閣の助言と承認

4 働く義務(勤労の義務)

5 ユニバーサルデザイン

6 生存権

7 第9条

得点 アップ 日本国憲法の三大原則と国民の義務

◆三大原則→国民主権，基本的人権の尊重，平和主義
◆国民の義務→納税の義務，勤労の義務，子どもに普通教育を受けさせる義務

社会

理科

算数

英語

国語

問題 次の各問いに答えなさい。

国 会

1 右の国会の図の**ア・イ**にあてはまる，国会に設けられている2つの議院をそれぞれ答えよ。

ア　国会　イ

👤=議員10人

2 **1**の2つの議院で意見が異なった場合，予算の決定などで優先されるのは**ア・イ**どちらの議院の意見か，記号で答えよ。

3 唯一，国会だけが制定できるものは何か。

内 閣

4 内閣の最高責任者はだれか。

5 右の写真のような，全会一致を原則とした内閣の話し合いを何というか。

6 **4**によって任命され**5**に出席する，専門的な仕事を担当する役所の長を何というか。

7 国の財政などを担当する省庁はどこか。

8 国民の代表機関である国会と，国会の信任にもとづき成立する内閣とが連帯して責任を負う日本の政治のしくみを何というか。

---

1 ア衆議院

　　イ参議院

解説 衆議院の方が議員の定数が多い。

2 ア

解説 これを衆議院の優越という。

3 法律

4 内閣総理大臣

解説 首相ともいう。

5 閣議

6 国務大臣

7 財務省

8 議院内閣制

得点 アップ 衆議院の優越（衆議院にあたえられている権限）

◆ 議決の優越→法律案の議決，予算の議決，内閣総理大臣の指名　など
◆ 内閣不信任の決議→可決されれば，内閣は総辞職か10日以内に衆議院を解散。

問題 次の各問いに答えなさい。

裁判所のはたらき

☐ **1** 右の図のX・Yにあてはまる, 上級の裁判所へさらに訴えることを何というか。

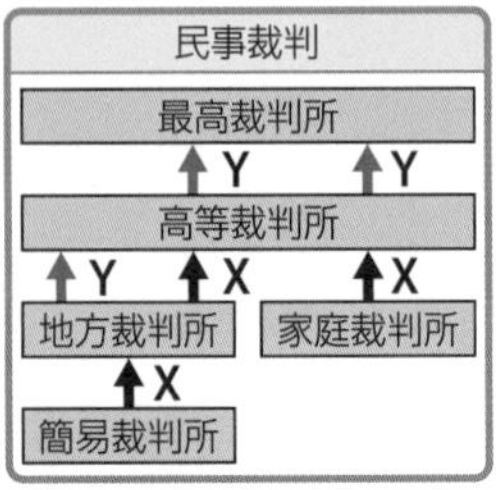

☐ **2** 右の図のように, 1つの事件について3回まで裁判を受けられるしくみを何というか。

```
        民事裁判
       最高裁判所
     ↑ Y      ↑ Y
       高等裁判所
   ↑ Y  ↑ X   ↑ X
 地方裁判所  家庭裁判所
     ↑ X
    簡易裁判所
```

☐ **3** 2009年に始まった, 刑事裁判に一般の人々が参加する制度を何というか。

三権分立

☐ **4** 右の図のA～Cにあてはまる, 国会・内閣・裁判所がもつ権限を表すことばをそれぞれ答えよ。

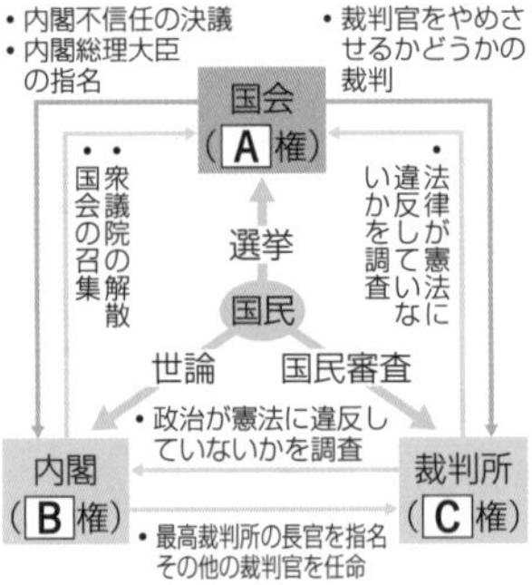

☐ **5** 裁判所がもつ, 図中の───の権限を何というか。

・内閣不信任の決議
・内閣総理大臣の指名

・裁判官をやめさせるかどうかの裁判

```
        国会
       (A 権)
```

衆議院の召集
国会の召集
衆議院の解散

選挙

法律が憲法に違反していないかを調査

```
        国民
```

世論　　国民審査

・政治が憲法に違反していないかを調査

```
  内閣            裁判所
 (B 権)          (C 権)
```

・最高裁判所の長官を指名
その他の裁判官を任命

☐ **6** 図のように, 国会, 内閣, 裁判所の3つの機関がたがいに監視し合い, 権力の集中を防ぐしくみを何というか。

1 X 控 訴
　　Y 上 告

解説 最高裁判所の判決が最終的な判決となる。

2 三審制

3 裁判員制度

4 A 立 法
　　B 行 政
　　C 司 法

5 違憲立法審査権

解説 違憲審査の最終的な判断をする権限をもつ最高裁判所は,「憲法の番人」と呼ばれる。

6 三権分立

得点 アップ 裁判所の種類

◆ 最高裁判所→最も上級の裁判所。「憲法の番人」。

◆ 下級裁判所→高等裁判所, 地方裁判所, 家庭裁判所, 簡易裁判所。

24 政治 選挙と政治参加

問題 次の各問いに答えなさい。

社会

理科

算数

英語

国語

選挙のしくみ

1 1つの選挙区から1人の議員を選ぶ選挙のしくみを何というか。

2 右の図のように，有権者が政党に投票し，その得票数に応じて各政党に議席数が配分される選挙のしくみを何というか。

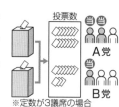

投票数

当当当
A党

当当当
B党

※定数が3議席の場合

選挙の課題

3 投票日に投票に行けない場合，前もって投票できる制度を何というか。

4 選挙区間で1票の価値に不平等があることを何というか。

政治参加と世論

5 政治や社会に関する国民の意見を何というか。

6 国会議員に立候補できる年齢を，右の表の**X・Y**にあてはまるようにそれぞれ答えよ。

立候補できる年齢	議院
満[**X**]才以上	衆議院
満[**Y**]才以上	参議院

7 日本国憲法改正の際に行うことが決められている，国民の意見を直接投票で反映させる制度を何というか。

---

1 小選挙区制

解説 死票(落選した候補者に投票された票)が多い。

2 比例代表制

解説 衆議院選挙では全国を11のブロックに分けるが，参議院選挙は全国を1つの単位として行う。

3 期日前投票

4 一票の格差

5 世論

6 X 25
　 Y 30

解説 市(区)町村長・地方議員は満25才以上，都道府県知事は満30才以上で立候補できる。投票する権利である選挙権は満18才以上の日本国民にあたえられている。

7 国民投票

得点アップ 現在の日本の選挙制度

◆ 衆議院→小選挙区比例代表並立制

◆ 参議院→選挙区制と比例代表制

問題 次の各問いに答えなさい。

地方公共団体の仕事

☐ **1** 住民の選挙で選ばれた地域の代表者が集まって話し合いを行い，地方公共団体の予算を決めたり条例を制定したりする機関を何というか。

住民の権利と政治参加

☐ **2** 法律や条例にもとづき，住民の意思を投票で問うことを何というか。

☐ **3** 地方自治においては，住民は署名によって首長を辞めさせたり，条例を改廃したりする要求を出すことができる。この権利を何というか。

国と地方の財政

☐ **4** 国の収入となる税金のうち，所得税などのように，税を納める人と負担する人が同じものを何というか。

☐ **5** 右のグラフが示す地方公共団体の収入のうち，不足分を国の税金からおぎなう **X** を何というか。

合計91兆7473億円

| 地方税 44.7% | X 18.5 | Y 17.1 | 地方債 10.1 | その他 9.6 |

0　20　40　60　80　100%
(2020年度)　(2020/21年版「日本国勢図会」)

☐ **6** 地方公共団体の収入のうち，決まった事業にかかるお金を国に負担してもらうグラフ中の **Y** を何というか。

1 地方議会

解説 地方議会は選挙で選ばれた住民の代表者の集まりとして，地方公共団体の条例や予算を決める。

2 住民投票

3 直接請求権

4 直接税

解説 納める人と負担する人が異なる税を，間接税という。

5 地方交付税交付金

解説 地方公共団体の税収入の差を小さくするために，国が配分する。

6 国庫支出金

得点 アップ 地方公共団体の財源

◆ 地方交付税交付金→国から交付され，使いみちは自由。
◆ 国庫支出金→国が使いみちを指定して交付する補助金。

入試重要度 ■■□

月 日

問題 次の各問いに答えなさい。

少子高齢社会と社会保障

1 出生率が低下し，子どもの割合が低い一方で 65才以上の人の割合が高い社会を何というか。

1 少子高齢社会

2 基本的人権における生存権にもとづいて国が 定めている，個人の力だけでは生活できない 人々の生活を保障する制度を何というか。

2 社会保障制度

3 **2**のうち，年金保険や介護保険など加入者が 積み立てたお金を，必要なときに国や地方公 共団体が支給するしくみを何というか。

3 社会保険

解説 社会保険にはほ かに雇用保険，医療保険， 労災保険などがある。

働く意義と権利

4 労働三法のうち，労働時間や休日，賃金など労 働条件の最低基準を定めたものを何というか。

4 労働基準法

解説 労働三法はほか に，労働組合法と労働関 係調整法。

5 仕事と仕事以外の自分の生活をバランスよく 調和させることを何というか。

5 ワーク・ライフ・ バランス

消費者の権利

6 1968年につくられた消費者保護基本法を改 正して2004年に成立した法律は何か。

6 消費者基本法

7 商品を購入したあと，一定期間内であれば無 条件で契約を解除できる制度を何というか。

7 クーリングオフ 制度

8 製品に問題があって消費者が被害を受けたと き，製造業者がその責任を負うことを定めた 法律を何というか。

8 製造物責任法 (PL法)

得点 アップ 社会保障制度

◆ 制度の意義→生活していくのが困難な人々を，国が支える。
◆ 制度の内容→公的扶助・社会保険・社会福祉・公衆衛生の4つの柱。

問題 図を見て, [　]にあてはまる語句を答えなさい。

1 日本国憲法と基本的人権

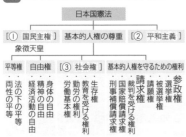

☑(1) 日本国憲法の3つの原則は, [① 国民主権], 基本的人権の尊重, [② 平和主義]である。

☑(2) 基本的人権は, 平等権, 自由権, [③ 社会権]のほか, 参政権や請求権などの基本的人権を守るための権利があり, 憲法で保障されている。

2 日本国憲法の改正

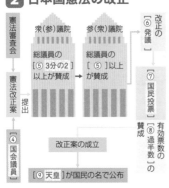

☑(1) 憲法審査会か[④ 国会議員]が憲法改正案を提出する。

☑(2) 衆議院・参議院それぞれで総議員の[⑤ 3分の2]以上の賛成で憲法改正の[⑥ 発議]が行われる。

☑(3) [⑦ 国民投票]を行って, [⑧ 過半数]の賛成があれば改正案は成立し, [⑨ 天皇]が国民の名で公布する。

3 裁判のしくみ

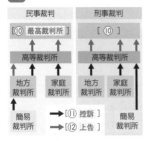

☑(1) 裁判所は, [⑩ 最高裁判所]と高等, 地方, 家庭, 簡易の下級裁判所からなる。

☑(2) 最初の裁判の判決に不服がある場合, 新たな判決を求めて裁判を要求することを[⑪ 控訴], さらにその判決に対して新たな裁判を求めることを[⑫ 上告]という。

4 三権分立

☐(1) 国会は[⑬ 立法]権, 内閣は[⑭ 行政]権, 裁判所は[⑮ 司法]権を担当する。

☐(2) 国民は, [⑯ 選挙]によって国会議員を選び, [⑰ 世論]で内閣の政治に影響をあたえ, [⑱ 国民審査] で最高裁判所の裁判官を審査することで, 国の主権をになっている。

☐(3) 国会から内閣不信任の決議を受けた場合, 内閣は総辞職, または[⑲ 衆議院の解散]をすることになっている。

5 地方自治

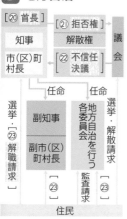

☐(1) 地方自治において, 知事や市(区)町村長などの[⑳ 首長]は, 住民の直接選挙で選ばれるため, 強い権限をもっており, 議会の議決に対する[㉑ 拒否権]をもっている。

☐(2) 議会が, [⑳]に対して[㉒ 不信任決議]を出した場合, [⑳]は議会を解散することができる。

☐(3) 住民は, 選挙のほかに, 議会の解散請求や, 知事や市(区)町村長, その他の議員に対する[㉓ 解職請求]などによって地方自治に参加している。

6 地方の財政

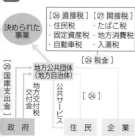

☐(1) 地方公共団体(地方自治体)の収入の多くは住民の[㉔ 税金]であるが, 国からの地方交付税交付金や決まった事業に対して国から支払われる[㉕ 国庫支出金]もある。

☐(2) [㉔]のうち, 税を負担する人と納める人が同じものを[㉖ 直接税], 異なるものを[㉗ 間接税]という。

35

問題 次の各問いに答えなさい。

旧石器時代

☑ **1** 旧石器時代に使われていた，右の絵のような道具を何というか。漢字4字で答えよ。

☑ **2** 日本にも旧石器時代が存在していたことを明らかにした群馬県の遺跡を何というか。

縄文時代

☑ **3** 縄文時代の人々がくらしていた，地面をほって柱を立て，その上に屋根をかけた住居を何というか。

☑ **4** 縄文時代の人々の生活を知る手がかりとなる，動物の骨や土器のかけらなどがうめられている遺跡を何というか。

弥生時代

☑ **5** おもに祭りに使われた右の絵の青銅器を何というか。

☑ **6** 奴国の王が中国に使いを送ったときの中国の王朝は何か。

☑ **7** 弥生時代に30あまりのくにを従えた邪馬台国を治めていた女王はだれか。

1 打製石器

2 岩宿遺跡

3 たて穴住居

4 貝塚

解説 食料の食べかすなどを捨てたと考えられる場所。当時の人々の生活を知る手がかりになる。

5 銅鐸

6 漢（後漢）

7 卑弥呼

解説 中国の皇帝に使いを送り，「親魏倭王」の称号と金印，銅鏡などを授かった。

得点 アップ 縄文時代と弥生時代のおもな遺跡
- ◆縄文時代→三内丸山遺跡（青森県），大森貝塚（東京都）
- ◆弥生時代→板付遺跡（福岡県），吉野ヶ里遺跡（佐賀県）

社会 | 理科 | 算数 | 英語 | 国語

問題 次の各問いに答えなさい。

大和政権と古墳文化

1 3〜7世紀ごろに日本各地につくられた，小山のように大きな王や豪族の墓を何というか。

2 **1**のうち，大阪府堺市にある，日本最大のものを何というか。

3 **1**のうち，右の図のような形をしたものを何というか。

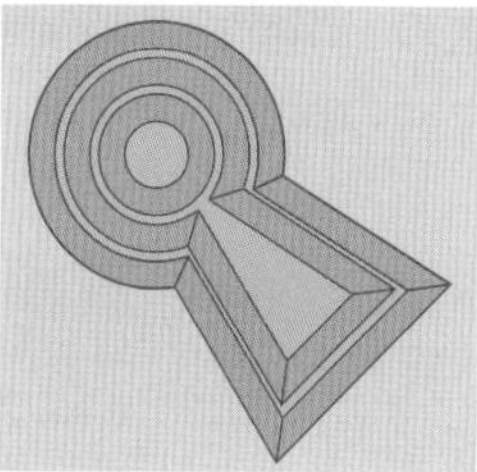

4 多くの巨大な**3**が見られる近畿地方の，奈良盆地を中心とする地域で大きな力をもった，大王を中心とした勢力を何というか。

5 埼玉県の稲荷山古墳出土の鉄剣と，熊本県の江田船山古墳出土の鉄刀に共通して刻まれている大王の名を何というか。

中国・朝鮮半島との交流

6 朝鮮半島から日本にわたり，土木工事や機織り，鉄器の製造など技術や漢字を伝えた人々を何というか。

7 6世紀に**6**によって朝鮮半島の百済から伝えられた宗教は何か。

1 古墳

2 大仙（仁徳陵）古墳

解説 2019年に，「百舌鳥・古市古墳群」として世界文化遺産に登録された。

3 前方後円墳

4 大和政権

解説 奈良盆地を中心とした大和地方では，有力な豪族が大王を中心とした政権をつくっていた。

5 ワカタケル大王

解説 この鉄剣と鉄刀の出土により，5〜6世紀ころには，大和政権の力が九州地方から東北地方南部までおよんでいたと考えられるようになった。

6 渡来人

7 仏教

解説 儒学も伝えられた。

得点 アップ 古墳のつくり

◆ 石室→遺体がほうむられている部屋。刀剣や鏡なども埋葬。

◆ はにわ→古墳の上やまわりに並べられた，土でできた焼き物。

29 飛鳥時代

問題 次の各問いに答えなさい。

聖徳太子の政治

☐ **1** 現存する世界最古の木造建築である右の寺院を何というか。

☐ **2** **1**を建てたとされる, 6～7世紀に天皇の摂政として天皇中心の国づくりをすすめた人物はだれか。

☐ **3** **2**の人物が, 役人の心構えを示すために定めた, 右の史料を何というか。

☐ **4** **2**の人物が, 小野妹子を使節として派遣したときの中国は何という王朝か。

> 第1条　人の和を第一にしなければなりません。
> 第2条　仏教をあつく信仰しなさい。
> 第3条　天皇の命令は必ず守りなさい。
> 第12条　地方の役人が勝手に, みつぎ物を受け取ってはいけません。
> （一部要約）

大化の改新と律令国家の成立

☐ **5** 645年に中臣鎌足とともに蘇我氏をたおし, のちに天智天皇として即位した人物はだれか。

☐ **6** **5**の人物が中心となってすすめた, 天皇を中心とした, 法律にもとづく新たな国づくりのための改革を何というか。

1 法隆寺

解説 奈良県斑鳩町にある。1993年に世界文化遺産に登録された。

2 聖徳太子

解説 厩戸皇子ともいう。

3 十七条の憲法

解説 仏の力で平和を保ち, 天皇中心の政治を行うため, 役人の守るべき心構えを定めた。

4 隋

解説 607年, 小野妹子に国書をもたせて中国の隋にわたらせた。

5 中大兄皇子

6 大化の改新

得点アップ 十七条の憲法

ゴロで覚える 憲法を　群れ寄る人に　説く太子
十七条の憲法　　604　　　　　　　聖徳太子

社会 | 理科 | 算数 | 英語 | 国語

問題 次の各問いに答えなさい。

平城京と律令制下のくらし

1 人々が納めることを定められた右の資料 X 〜 Z の税をそれぞれ何というか。

税	内容
X	稲の収穫のうち，約3%を納める。
Y	織物や，地方の特産物を納める。
Z	年に10日，都で働くか，布を納める。

2 8世紀初めに，唐の長安にならってつくられた奈良の新しい都を何というか。

3 743年に出された，新しく開いた土地の永久的な私有を認める法律を何というか。

天平文化

4 仏教の力で国の平和を保つため，国ごとに国分寺・国分尼寺を，都に東大寺をつくることを命じた天皇はだれか。

5 右の絵のような，外国から伝わった品も多く納められた，東大寺の宝物庫を何というか。

6 4の天皇によって中国から招かれ，唐招提寺を開いた僧はだれか。

7 天皇・貴族・農民などの歌が収められた日本最古の歌集は何か。

---

1 X 租
Y 調
Z 庸

解説 ほかに，九州を守る防人や都を守る衛士という兵士の役や，雑徭と呼ばれる労役が課せられていた。

2 平城京

3 墾田永年私財法

4 聖武天皇

解説 東大寺の大仏づくりには，僧の行基が活躍した。

5 正倉院

解説 校倉造と呼ばれるつくりをしている。

6 鑑真

7 万葉集

得点 アップ 中国の影響

◆ 奈良時代は中国の影響を強く受けた時代。
◆ 遣唐使→留学生，僧が帰国して政治に参加。法律を整備。大陸文化を伝える。

問題 次の各問いに答えなさい。

平安京と摂関政治

□ **1** 10～11世紀に自分の娘を天皇のきさきにすることで大きな権力をにぎった一族の人物で、右の歌をよんだのはだれか。

この世をば
わが世とぞ思ふ
かけたることも
もち月の
なしと思へば

□ **2** **1**の人物の一族が、摂政や関白になって行った政治を何というか。

□ **3** かな文字や大和絵のような、平安時代に見られる日本独自の文化を何というか。

□ ★ **4** **1**の人物の娘に仕えた紫式部が、かな文字で書いた物語を何というか。

武士のおこりと院政

□ **5** 藤原氏の力をおさえて白河上皇が行った、天皇を退いたのちも上皇として政治を行うことを何というか。

□ **6** **5**の時代、朝廷や貴族に仕えて力をつけた武士団を2つ答えよ。

□ ★ **7** **6**の武士団のうち、平治の乱で力をつけた武士団の長で、武士として初めて太政大臣となり、右の写真の神社をまつった人物はだれか。

1 藤原道長

解説 「この世でわたしの思い通りにならないものはない」という意味の歌。

2 摂関政治

解説 天皇が幼いときは摂政、成人してからは関白という役職についた。

3 国風文化

4 源氏物語

5 院政

6 源氏、平氏

7 平清盛

解説 写真の神社は、広島県の厳島神社。兵庫(神戸市)の港を整備し、中国(宋)との貿易をさかんに行った清盛は、海上交通の安全をいのった。

得点 アップ 平安時代の政治の移りかわり

◆ 摂関政治(藤原氏)→院政(白河上皇)→平氏の政治(平清盛)

社会

理科

算数

英語

国語

問題 次の各問いに答えなさい。

鎌倉幕府の成立

1 平治の乱に敗れ，平清盛によって伊豆に流された人物はだれか。

2 **1** の人物が 1192 年に朝廷から任じられた，のちに武士のリーダーとなる地位を何というか。

3 **1** の人物が平氏をほろぼしたのち，国ごとに置くことを朝廷に認めさせた役職を何というか。

4 鎌倉幕府は，武士(御家人)と右の図のような関係を結んだ。図中 **X**・**Y** にあてはまる語句をそれぞれ答えよ。

幕府(将軍)

幕府のために戦う **Y** **X** 領地

武士(御家人)

北条氏の政治

5 **1** の妻，政子の実家である北条氏が独占し，のちに鎌倉幕府の実権をにぎった，将軍の補佐役を何というか。

6 後鳥羽上皇が兵をあげたが，政子が行った右の史料の演説によって団結した幕府軍に敗れた戦いを何というか。

7 北条氏が 1232 年に定めた，武士の裁判の基準となる法律を何というか。

みんな，聞きなさい。将軍の恩は，とても深いものです。幕府が上皇の敵とされた今，名誉を大切にするなら，幕府を守らなければなりません。(一部要約)

1 源頼朝

2 征夷大将軍

3 守護

4 X ご恩
Y 奉公

解説 頼朝は戦いで活躍した御家人の領地を保護したり，新たな領地をあたえたりした。

5 執権

6 承久の乱

解説 この乱ののち，幕府は西国に勢力をのばし，朝廷監視のために新たに六波羅探題を設けた。

7 御成敗式目
(貞永式目)

得点 アップ 鎌倉幕府による支配の確立

◆ 源頼朝(鎌倉に拠点，東国支配)→源氏の将軍が 3 代で途絶える→執権政治(北条氏)→承久の乱(後鳥羽上皇敗北)→幕府権力が西国におよぶ。

問題 次の各問いに答えなさい。

元寇と鎌倉幕府のおとろえ

□ **1** 13世紀に元の大軍が2度にわたって九州北部にせめてきたできごとを何というか。

□ **2** **1**のできごとがおこったときの①元の皇帝と②日本の執権はそれぞれだれか。

□ **3** **1**の際，幕府の武士が苦しんだ元軍の武器は何か。右の絵を参考に答えよ。

□ **4** **1**のできごとのあと，生活が苦しくなった武士たちを救うために幕府が出した，武士の借金を帳消しにする法令を何というか。

鎌倉時代の文化

□ **5** 運慶・快慶らがつくった，東大寺南大門にある右の写真の像を何というか。

□ **6** 鎌倉時代に広まった仏教のうち，念仏を唱えれば極楽浄土にいけるとした宗派を何というか。

□ **7** 琵琶法師が語り広めた，源平の戦いをえがいた軍記物を何というか。

1 元寇

2 ①フビライ＝ハン
②北条時宗

3 火薬兵器（てつはう）

4 徳政令

解説 武士が売った土地を，ただで取りもどさせたが，効果はうすかった。

5 金剛力士像

6 浄土宗

解説 法然が開いた。

7 平家物語

得点 アップ 鎌倉時代の新仏教

◆浄土宗 ― 法然（念仏を唱える）　◆浄土真宗 ― 親鸞（法然の弟子）
◆時宗 ― 一遍（おどり念仏）　◆日蓮宗 ― 日蓮（題目を唱える）
◆禅宗（座禅による悟り）→臨済宗 ― 栄西，曹洞宗 ― 道元

社会

理科

算数

英語

国語

問題 次の各問いに答えなさい。

南北朝の内乱と室町幕府

1 2度にわたって鎌倉幕府をたおす計画を立てて失敗したものの，有力武士の力を得て1333年に幕府をたおした天皇はだれか。

1 後醍醐天皇

2 もとは鎌倉幕府側の武士であったが**1**の天皇に協力して幕府をたおし，のちに室町幕府を開いた人物はだれか。

2 足利尊氏

3 右の史料で批判されている，**1**の天皇が始めた天皇と公家中心の政治を何というか。

> このごろ都ではやっているものは、夜襲、強盗、にせの天皇の命令。囚人、急使を乗せた早馬、たいしたこともないのにおこる騒動。
> （一部要約）

3 建武の新政

解説 史料は建武の新政の混乱ぶりを批判したもの。新政は人々の信頼を失い，短い期間で終わった。

4 一国を支配するようになった守護を何というか。

4 守護大名

5 有力な**4**が務めた，室町幕府の将軍を補佐する役職を何というか。

5 管領

6 南北朝の内乱を終わらせた室町幕府3代将軍はだれか。

6 足利義満

東アジアとの交流

7 **6**の人物が始めた，右の資料のような札を用いた中国との貿易を何というか。

7 勘合貿易

解説 海賊船（倭寇）と区別するため，正式な貿易船には勘合という合い札をもたせた。

得点 アップ 建武の新政から南北朝の内乱へ

◆建武の新政→武家の不満→足利尊氏が京都で新たな天皇を立てる（北朝）→後醍醐天皇は吉野（奈良）へのがれる（南朝）。

問題 次の各問いに答えなさい。

立ち上がる民衆と戦国大名

□ **1** 1467年に室町幕府の将軍のあとつぎ争いと有力大名の勢力争いがもとで始まった，11年続いた戦乱を何というか。

1 応仁の乱

□ **2** **1**の戦乱によって，将軍家や京都で幕府を支えた大名が勢力を弱めた一方で，地方で自ら力をつけて領地を支配するようになっていった大名を何というか。

2 戦国大名

解説 戦国大名には，守護から力をつけた守護大名出身のものや，守護や守護大名をたおして領地を支配するようになったものがいる。

□ **3** 鎌倉時代末期から室町時代に発達した，農村における自治組織を何というか。

3 惣(惣村)

□ **4** 農民や馬借と呼ばれる運送業者が1428年におこし，右の史料に書かれていることを認めさせた一揆を何というか。

正長元(1428)年より前の借金は，一部の地区では帳消しにする。
(要約)

4 正長の土一揆

解説 惣を中心に，農民や馬借などの民衆が団結しておこす一揆を土一揆という。

室町時代の文化

□ **5** 明(中国)にわたって絵の技法を学び，帰国後，日本の水墨画を大成した人物はだれか。

5 雪舟

□ **6** 右の絵のような，畳をしいて床の間を設けた，近代の和室のもとになったとされる建築様式を何というか。

6 書院造

解説 銀閣と同じ敷地内にある東求堂同仁斎は代表的な書院造の部屋である。

得点 アップ 室町時代の文化

◆ 北山文化→足利義満(金閣)，観阿弥・世阿弥(能)
◆ 東山文化→足利義政(銀閣)，書院造，雪舟(水墨画)

社会

理科

算数

英語

国語

問題 次の各問いに答えなさい。

鉄砲とキリスト教の伝来

1 1543年，種子島に漂着したポルトガル人によって日本に伝えられたものは何か。

2 1549年に鹿児島に来て，キリスト教を伝えた人物はだれか。

織田信長の時代

3 尾張（愛知県）を治め，桶狭間の戦いで駿河（静岡県）を治める今川義元を破った戦国大名はだれか。

4 3の人物が，武田氏の騎馬隊を鉄砲隊で破った戦いを何というか。

5 3の人物が行った，城下町でだれでも商売ができるようにするための政策を何というか。

6 3の人物が，1576年に全国統一のための拠点として建て始めた巨大な天守をもつ城を何というか。また，その城の場所を右の地図中の**ア**〜**エ**から選べ。

7 3の人物を京都の本能寺でおそい，自害に追いこんだ人物はだれか。

1 鉄砲

2 フランシスコ＝
ザビエル

解説 イエズス会の宣教師。

3 織田信長

4 長篠の戦い

5 楽市・楽座

6 安土城，ウ

解説 安土は琵琶湖のほとりにある。地図中の**ア**は京都，**イ**は信長が支配した堺，**エ**は鎌倉である。

7 明智光秀

得点 アップ 織田信長の政策

◆商工業の発展→楽市・楽座，関所の廃止，税の免除，堺の支配。

◆キリスト教保護→仏教勢力に対抗するため。

問題 次の各問いに答えなさい。

豊臣秀吉の時代

☐ **1** 明智光秀をたおし，織田信長のあとをついで全国統一を成しとげた人物はだれか。

1 豊臣秀吉

☐ **2** **1**の人物が年貢を確実にとるために，右の絵が表すような方法で行った政策は何か。

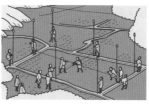

2 検地

解説 秀吉が行った検地を太閤検地という。

☐ **3** **1**の人物が出した，農民が刀や弓などの武器をもつことを禁じた法令を何というか。

3 刀狩令

☐ **4** **2**や**3**の政策により，武士と農民の身分の区別をはっきりさせることを何というか。

4 兵農分離

☐ **5** **1**の人物が明(中国)を征服するために兵を送った場所はどこか。

5 朝鮮

南蛮文化と桃山文化

☐ **6** 鉄砲などのヨーロッパの品物を日本にもたらした，スペインやポルトガルとの貿易を何というか。

6 南蛮貿易

解説 輸出品の銀の多くは，島根県の石見銀山で採掘されたもの。

☐ **7** 城の屏風やふすま，壁などにえがかれた，右の資料のような豪華な絵を何というか。

7 障壁画

得点アップ 豊臣秀吉の政策

◆検地(年貢を確実にとるため)，刀狩(一揆を防ぐため)→農民と武士の身分の区別をはっきりさせる(兵農分離)。

問題 次の各問いに答えなさい。

江戸幕府の成立と鎖国

1 豊臣秀吉の死後，関ヶ原の戦いで石田三成らを破り，江戸幕府を開いた人物はだれか。

2 江戸幕府2代将軍が最初に定めた，全国の大名を取りしまるための法を何というか。

3 **2**に参勤交代の制度を追加した，江戸幕府3代将軍はだれか。

4 江戸時代の初め，幕府が外国との貿易を保護するために，大名や商人にあたえた海外渡航の許可状を何というか。

5 幕府が外国との交流の制限を強化するきっかけとなった，キリスト教の信者を中心として九州でおこった一揆を何というか。

6 外国との貿易を右の絵の場所に限り，オランダ，清(中国)以外の国との貿易を禁止した幕府の政策を何というか。

1 徳川家康

2 武家諸法度

3 徳川家光

4 朱印状

解説 東南アジアとの貿易がさかんで，シャム(タイ)などに日本町ができた。

5 島原・天草一揆

6 鎖国

解説 キリスト教布教の心配のない清と，布教を行わないオランダのみ貿易が許された。

身分制度と産業の発達

7 犯罪の防止や年貢の納入などの連帯責任を負わせるためにつくられた制度は何か。

8 江戸時代に整備された五街道に発達した，宿泊施設が集まる町を何というか。

7 五人組

8 宿場町

得点 アップ 幕府の対外政策

◆貿易保護(朱印船貿易)→キリスト教禁止(スペイン，ポルトガルの侵攻をおそれて)→島原・天草一揆→ポルトガル船の来航禁止→鎖国の完成

問題 次の各問いに答えなさい。

享保の改革

☐**1** 悪化した幕府の財政を立て直すため，享保の改革を行った8代将軍はだれか。

☐**2** **1**の人物が定めた，裁判の基準となる法律を何というか。

☐**3** **1**の人物が，幕府の収入を増やすため，大名に一定量の米を納めさせた法令を何というか。

江戸時代の文化

☐**4** 江戸幕府の安定した政治によって発達した芸術のうち，人々の人気を集めた右の絵のような版画で，名所の風景や人気の役者などをえがいたものを何というか。

☐**5** 俳諧(俳句)を芸術の域にまで高め，『奥の細道』を著した人物はだれか。

☐**6** **1**の人物が産業の発達のため，学問の研究をすすめたことで発展した，オランダ語を通じて学ぶ学問を何というか。

☐**7** 右の絵は，江戸時代に出版された解剖書のとびら絵である。杉田玄白と前野良沢らが西洋医学書を翻訳して出版したこの解剖書を何というか。

1 徳川吉宗

解説 目安箱を設置し，貧民救済のために小石川養生所を設けた。

2 公事方御定書

3 上げ米(の制)

4 浮世絵

解説 この作品は歌川広重の「東海道五十三次」。ほかに，葛飾北斎，喜多川歌麿らが浮世絵師として有名。

5 松尾芭蕉

6 蘭学

7 解体新書

解説 オランダ語で書かれた『ターヘル-アナトミア』を日本語に翻訳した。

得点 アップ 江戸時代の文化—町人を中心に発達

◆元禄文化→上方(大阪・京都)で発達。近松門左衛門ら
◆化政文化→江戸で発達。蘭学，浮世絵，地理学(伊能忠敬)，寺子屋

社会

理科

算数

英語

国語

問題 次の各問いに答えなさい。

田沼の政治と寛政の改革

1 老中の田沼意次が，享保の改革ののちに再び行きづまった幕府の財政再建のために，つくることを広くすすめた同業者組合を何というか。

1 株仲間

解説 株仲間を認める代わりに幕府に税を納めさせた。

2 田沼が老中をやめるきっかけともなった、全国的なききんを何というか。

2 天明のききん

3 田沼の失脚ののち，老中となって寛政の改革を行った人物はだれか。

3 松平定信

4 **3**の人物が，学問所でのほかの学派の講義を禁止し，幕府の正式な学問と定めた儒学の学派は何か。

4 朱子学

解説 朱子学以外の学派は異学として禁止された。

外国船の接近と天保の改革

5 右の史料は，1825年に幕府が出した，外国船について定めた法令である。この法令を何というか。

どこの海岸でも，外国船を見かけたら，とにかく打ち払い，逃げたら追いかけず，そのままにしておき，もし無理やり上陸してきたら，つかまえても，殺してもよい。　（一部要約）

5 異国船打払令

解説 ロシアやイギリスの船がたびたび来航していた。

6 江戸時代末期におこった天保のききんの際，大阪で門弟や民衆とともに反乱をおこした元幕府の役人はだれか。

6 大塩平八郎

7 **6**の反乱のあとに，天保の改革を行った老中はだれか。

7 水野忠邦

得点 アップ 江戸幕府の三大改革
- 享保の改革(8代将軍　徳川吉宗)　- 寛政の改革(老中　松平定信)
- 天保の改革(老中　水野忠邦)

問題 次の各問いに答えなさい。

開国

□ **1** 1853年に浦賀に来航し，日本に開国を求めたアメリカの使節はだれか。

□ **2** **1**の人物が再び来航した1854年，幕府がアメリカと結んだ条約を何というか。

□ **3** 条約を結ぶことをせまるアメリカにおされ，1858年に大老井伊直弼が結んだ条約を何というか。

□ **4** **3**の条約で認められた，日本で罪を犯した外国人を，その国の領事が自国の法律で裁判できる権利を何というか。

□ **5** **3**の条約で日本に認められなかった，輸入品への関税率を自分で決める権利を何というか。

江戸幕府の滅亡

□ **6** 右の絵に表されている，幕府をたおそうとする勢力をおさえるために15代将軍徳川慶喜が政権を朝廷に返したことを何というか。

□ **7** **6**に対し長州藩，薩摩藩らは，徳川家を除いた新しい政権を誕生させるために何を発したか。

□ **8** 1868年に始まった，旧幕府軍と長州藩・薩摩藩を中心とした新政府軍との戦いを何というか。

1 ペリー

2 日米和親条約

3 日米修好通商条約

解説 イギリス・オランダ・ロシア・フランスとも同じ内容の条約を結んだ。

4 領事裁判権

解説 領事裁判権は1894年に撤廃された。

5 関税自主権

解説 関税自主権は1911年に完全に回復した。

6 大政奉還

解説 慶喜は，政権返上後も，徳川家中心の政治を行うつもりでいた。

7 王政復古の大号令

8 戊辰戦争

得点アップ 日米修好通商条約

 ゴロで覚える

修好を	はじめはこばむよ	不平等
日米修好通商条約	1　8 5 8	不平等条約

問題 次の各問いに答えなさい。

社会
理科
算数
英語
国語

明治維新

1 1868 年，明治政府が発表した，5 つの政治の基本方針を何というか。

2 明治政府が全国を治めるため，藩を廃止して各地に県や府を置いたことを何というか。

3 土地の価格の 3％を現金で納めることとした新たな税の制度を何というか。

4 明治政府の，国を豊かにして強い軍隊をもつ方針を何というか。

自由民権運動

5 武力で朝鮮を開国させようという征韓論を主張して反対勢力に敗れ，政府を去ったのち，政府を批判して国会開設を求める運動をすすめた右の写真の人物はだれか。

憲法発布と帝国議会の開設

6 右の史料は，1889 年に発布された憲法の一部である。この憲法を何というか。

7 1890 年に行われた，第 1 回衆議院議員選挙では，選挙権をもつのはどのような人だったか，簡潔に答えよ。

> 第1条 日本は，永久に続く同じ家系の天皇が治める。
> 第4条 天皇は，国の元首であり，国や国民を治める権限をもつ。
> 第11条 天皇が陸海軍を統率する。
> （一部要約）

1 五箇条の御誓文

2 廃藩置県

解説 藩主から政府に土地と人民を返させて（版籍奉還）から廃藩置県を行った。

3 地租改正

4 富国強兵

5 板垣退助

解説 同じく征韓論で敗れた西郷隆盛は，故郷の鹿児島で政府に不満をもつ士族（元武士）らと西南戦争をおこしたが，しずめられた。

6 大日本帝国憲法

解説 伊藤博文が草案をつくった。

7 （例）15円以上の税金を納める満25才以上の男子

得点 アップ 殖産興業，富国強兵をめざす

◆ 版籍奉還(1869)→廃藩置県(1871)→徴兵令(1873)→地租改正(1873)

問題 次の各問いに答えなさい。

不平等条約の改正

☐ **1** 右の絵は, 1886年におこっ
たイギリス船が沈没した事
故のようすをえがいたもの
である。この事故で, 日本人乗客が全員亡くなっ
たのにイギリス人船長が軽い罰ですんだのは,
日本が何を認めさせられていたからか。

☐ **2** イギリスと交渉を重ね, **1** を撤廃することに
成功した外務大臣はだれか。

日清・日露戦争と韓国併合

☐ **3** 朝鮮の支配権をめぐり, 日本が1894〜95年に
清(中国)と戦った戦争の講和条約を何というか。

☐ **4** 日露戦争の講和条約を何というか。

☐ **5** 日本で民衆が**4**の条約の内容に不満をもった
のはなぜか。理由を簡潔に答えよ。

☐ **6** 日露戦争後, 韓国の支配権を得た日本が1910
年に朝鮮を植民地化したことを何というか。

明治時代の文化

☐ **7** 『学問のすゝめ』を著し, 人間
の平等を説いた人物はだれか。

☐ **8** 右の詩を発表して, 日露戦
争に反対した人物はだれか。

あゝをとうとよ
君を泣く
君死にたまふこと
なかれ (一部)

1 領事裁判権

解説 ノルマントン号
事件のようすがえがかれ
ている。幕末に結んだ日
米修好通商条約では, こ
のほかに, 日本に関税自
主権がなかった。

2 陸奥宗光

解説 関税自主権の回
復は小村寿太郎の交渉に
よる。

3 下関条約

4 ポーツマス条約

5 (例)賠償金を得ら
れなかったから。

6 韓国併合

7 福沢諭吉

8 与謝野晶子

得点 アップ 明治時代の文化

◆ 鉄道開通, 郵便制度 ◆ 福沢諭吉(思想) ◆ 夏目漱石, 樋口一葉(文学)
◆ 与謝野晶子, 正岡子規(詩, 俳句) ◆ 北里柴三郎, 野口英世(医学)

問題 次の各問いに答えなさい。

社会

理科

算数

英語

国語

第一次世界大戦と大正デモクラシー

1 右の地図は、第一次世界大戦中のヨーロッパを示している。地図中 X・Y の国々のグループを、それぞれ何と呼ぶか。

X
Y
□中立国

ロシア
オーストリア-ハンガリー
イギリス ドイツ ルーマニア
スペイン フランス セルビア
ポルトガル ブルガリア
バルカン半島 トルコ
イタリア ギリシャ

1 X 同盟国

Y 連合国

解説 サラエボ事件をきっかけに、第一次世界大戦が始まった。

2 第一次世界大戦中に中国大陸に進出した日本が、中国政府につきつけた要求を何というか。

2 二十一か条の要求

3 第一次世界大戦後につくられた、国際紛争を平和的に解決するための機関を何というか。

3 国際連盟

4 第一次世界大戦後の好景気による物価の上昇に加え、1918 年のシベリア出兵をきっかけに米の価格が大はばに上昇したため、各地で米の安売りを求める運動がおこった。この運動を何というか。

4 米騒動

解説 シベリア出兵を見こした米の買い占めにより、米の価格が急上昇した。

5 4の後に初めての本格的な政党内閣を組織した政治家はだれか。

5 原 敬

6 女性だけの文学団体である青鞜社を結成し、女性の解放運動をすすめた人物はだれか。

6 平塚らいてう(鳥)

7 1925 年に成立した普通選挙法で選挙権をあたえられたのは、どのような人々か。

7 (例)満25才以上のすべての男子

得点 アップ 大正デモクラシーの運動と成果

◆ 労働争議・小作争議→労働条件改善、小作料引き下げを求める。

◆ 1925 年、普通選挙法成立→同年、治安維持法も成立。

問題 次の各問いに答えなさい。

世界恐慌と日本の中国侵略

☐ **1** 1929 年にアメリカで株価が暴落したことから世界中に広まった経済混乱を何というか。

☐ **2** **1**による不景気が深刻となる中，1931 年に日本軍が中国北東部を攻撃したできごとを何というか。

☐ **3** **2**をきっかけに建国された満州国の承認に反対していた首相が殺害された事件を何というか。

☐ **4** 1937 年，日本軍と中国軍の武力衝突から始まり，中国全土に広がった戦争を何というか。

第二次世界大戦と太平洋戦争

☐ **5** 1940 年に日本がドイツやイタリアと結んだ同盟を何というか。

☐ **6** **5**によって，アメリカやイギリスと対立した日本が，右の地図の地域で展開した戦争を何というか。

← 日本軍の進路
◯ 日本軍が最も広がった線
ソビエト連邦
満州国
中国
朝鮮
日本
太平洋
フィリピン
ハワイ
ビルマ
タイ
オーストラリア

☐ **7** 1945 年の①8 月 6 日と②8 月 9 日に原子爆弾を投下された都市はそれぞれどこか。

---

1 世界恐慌

2 満州事変

解説 日本は満州国をつくり，政治の実権をにぎった。

3 五・一五事件

解説 1932年5月15日，犬養毅首相が海軍の将校に殺害された。

4 日中戦争

5 日独伊三国同盟

6 太平洋戦争

解説 1945年，連合国が発したポツダム宣言を日本が受け入れて降伏し，戦争が終結した。

7 ①広島
　②長崎

得点 アップ　1931 年，満州事変がおこる

満州で　戦始める　関東軍
　　　　 193 1

問題 次の各問いに答えなさい。

戦後の日本と世界

1 民主化政策として, 政府が地主の土地を買い上げ小作人に安く売りわたしたことを何というか。

1 農地改革

2 連合国軍総司令部(GHQ)の指導のもと, 新しく制定された憲法を何というか。

2 日本国憲法

3 第二次世界大戦後, アメリカとソ連の対立が深まる中で1950年に朝鮮半島でおこった, 韓国と北朝鮮との戦争を何というか。

3 朝鮮戦争

解説 資本主義(韓国)と社会主義(北朝鮮)の対立であった。

4 右の写真は, 1951年に日本がアメリカなど連合国側の48か国との条約に調印するときのようすである。この条約を何というか。

4 サンフランシスコ平和条約

解説 このとき, 同時に日米安全保障条約を結んだ。

5 日本がソ連と共同宣言を出した1956年に加盟を認められた国際機関は何か。

5 国際連合

6 ロシア(旧ソ連)との間で, 領土問題がおこっている右の地図中の◯の島々を何というか。

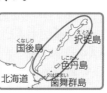

国後島　択捉島　色丹島　歯舞群島　北海道

6 北方領土

7 1950年代後半から1970年代前半にかけて, 日本では産業が急速に発展し, 国民の生活が豊かになった。この時期を何というか。

7 高度経済成長期

得点 アップ 連合国軍総司令部による民主化政策

◆財閥解体　◆農地改革　◆教育基本法制定　◆男女平等普通選挙
◆労働組合法制定　など

社会
理科
算数
英語
国語

問題 年表を見て，[ ]にあてはまる語句を答えなさい。

世紀	日本のおもなできごと			世界のおもなできごと
---	時代	年代	できごと	
紀元前 1〜6	縄文 旧石器	1万年前	採集や狩りによって生活する	農耕・牧畜が始まる
	弥生	紀元前4世紀	[① 稲作]，金属器が伝わる	シルクロードで東西の交流が行われる
		239	邪馬台国の女王[② 卑弥呼]が中国に使いを送る	
	古墳	4世紀	[③ 大和政権]の統一が進む	
7	飛鳥	593	[④ 聖徳太子]が摂政となる	589 隋が中国を統一する
		645	中大兄皇子らが[⑤ 大化の改新]を始める	676 新羅が朝鮮半島を統一する
		701	[⑥ 大宝律令]が成立する	
8	奈良	710	奈良の[⑦ 平城京]に都が移される	
		752	東大寺の大仏が完成する	
		794	京都の[⑧ 平安京]に都が移される	
9	平安	894	遣唐使が停止される	
10・11		1016	[⑨ 藤原道長]が摂政となる	
		1086	白河上皇が[⑩ 院政]を始める	1096 十字軍の遠征が始まる
12		1167	[⑪ 平清盛]が太政大臣となる	
		1192	[⑫ 源頼朝]が征夷大将軍となる	
13	鎌倉	1221	承久の乱がおこる	1206 チンギス＝ハンがモンゴルを統一する
		1232	[⑬ 御成敗式目]が制定される	
		1274	[⑭ 元]の軍が襲来する	
		1281	[⑭]の軍が再び襲来する	
14		1333	鎌倉幕府がほろびる	ヨーロッパでルネサンスがおこる
	室町	1338	[⑮ 足利尊氏]が京都に幕府を開く	
		1404	足利義満が中国との[⑯ 勘合]貿易を始める	
15		1467	[⑰ 応仁の乱]が始まる	1492 コロンブスがアメリカに到達する

世紀	時代		年代	できごと
				日本のおもなできごと

世紀	時代		年代	できごと	世界のおもなできごと
16	戦国	室町	1543	鉄砲が伝来する	1517 宗教改革が始まる
			1549	[⑱ キリスト教]が伝来する	1534 イエズス会がつくられる
		安土桃山	1573	[⑲ 織田信長]が室町幕府をほろぼす	
			1590	[⑳ 豊臣秀吉]が全国を統一する	
17	江戸		1603	[㉑ 徳川家康]が征夷大将軍となる	
			1637	島原・天草一揆がおこる	
18			1641	[㉒ 鎖国]体制が固まる	1644 清が中国を支配する
			1716	[㉓ 徳川吉宗]が享保の改革を始める	
			1837	[㉔ 大塩平八郎]の乱がおこる	
19			1853	アメリカの[㉕ ペリー]が来航する	1840 中国でアヘン戦争が始まる
			1858	[㉖ 日米修好通商]条約が結ばれる	
	明治		1867	大政奉還が行われる	1861 アメリカで南北戦争が始まる
			1877	西南戦争がおこる	
			1889	[㉗ 大日本帝国憲法]が発布される	
			1894	[㉘ 日清戦争]が始まる	
			1904	[㉙ 日露戦争]が始まる	
			1910	日本が韓国を併合する	
20	大正		1925	普通選挙法が成立する	1914 第一次世界大戦が始まる
			1931	[㉚ 満州事変]がおこる	1929 世界恐慌がおこる
	昭和		1941	太平洋戦争が始まる	1939 第二次世界大戦が始まる
			1945	太平洋戦争が終わる	
			1946	[㉛ 日本国憲法]が公布される	1945 国際連合が成立する
			1951	サンフランシスコ平和条約が結ばれる	1950 朝鮮戦争が始まる
			1956	国際連合に加盟する	
				このころ，高度経済成長が始まる	
			1972	沖縄が日本に復帰，日中共同声明	
			1973	[㉜ 石油危機]がおこる	1973 第四次中東戦争がおこる
			1978	日中平和友好条約が結ばれる	
			1995	阪神・淡路大震災がおこる	
	平成		2011	東日本大震災がおこる	2001 アメリカ同時多発テロ
21	令和		2019	新しい天皇が即位し，元号が「令和」になる	2020 新型コロナウイルス感染症の感染が拡大する

47 国際　日本と関係の深い国々 （1）

問題 次の各問いに答えなさい。

アジア

□ **1** 中国で外国の資本や技術を取り入れるため，外国の企業を税金などの面で優遇する地区を何というか。

□ **2** 日本の北西にある朝鮮半島は，南北２つの国に分かれている。南側の国を何というか。

□ **3** 日本が最も多く原油を輸入している国である，右のグラフ中の**X**にあてはまる国の名を答えよ。

日本の原油輸入相手国

ロシア連邦
5.4
クウェート
8.5
8.8
カタール
アラブ首長国連邦 29.7
その他 11.8
X 35.8%
(2019年)
(2020/21年版「日本国勢図会」)

□ **4** **3**など，グラフ中の国々がある地域やアフリカ北部などを中心に信仰されている宗教は何か。

アフリカ

□ **5** ダイヤモンドや金など鉱産資源が豊富で，かつてアパルトヘイトを行っていた国を答えよ。

オセアニア

□ **6** 右のグラフが示す日本がオーストラリアから輸入している品目のうち，**Y**にあてはまる品目を答えよ。

その他 22.2
液化天然ガス 35.4%
鉄鉱石 12.4
Y 30.0
(2019年)
(2020/21年版「日本国勢図会」)

---

1 経済特区

解説 シェンチェンなど，５つの地区。

2 大韓民国（韓国）

解説 北側の国は，朝鮮民主主義人民共和国（北朝鮮）。

3 サウジアラビア

解説 日本は原油のほとんどを西アジア諸国から輸入している。

4 イスラム教

解説 聖地はメッカ。聖典は『コーラン』。

5 南アフリカ共和国

解説 アパルトヘイトは1991年に廃止された人種隔離政策。

6 石炭

得点 アップ 中国の人口と社会

◆ 民族→ 90％以上を占める漢族と，50をこえる少数民族で構成。
◆ 一人っ子政策→ 2015年まで行われていた，人口の増加をおさえる政策。

社会
理科
算数
英語
国語

問題 次の各問いに答えなさい。

北アメリカ

1 日本のおもな貿易相手国・地域を示す右のグラフ中の **X**・**Y** にあてはまる国をそれぞれ答えよ。

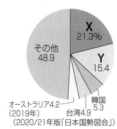

その他 48.9
X 21.3%
Y 15.4
オーストラリア4.2
台湾4.9
韓国 5.3
（2019年）
（2020/21年版「日本国勢図会」）

2 アメリカ合衆国のサンフランシスコ近郊に広がる，コンピューター産業がさかんな地域を何というか。

南アメリカ

3 20世紀初めに多くの日本人が移住し，現在も多くの日系人が住む南アメリカの国はどこか。

4 急速な経済発展をとげている，**3** と中国，ロシア連邦，インド，南アフリカ共和国を合わせて何というか。

ヨーロッパ

5 1993年に設立された，加盟国間の人々の行き来や貿易の制限を少なくしているヨーロッパの地域統合体を何というか。

6 右の写真は，**5** のいくつかの加盟国で使用されている共通通貨である。この通貨を何というか。

1 **X** 中 国

　Y アメリカ合衆国

解説 アメリカ合衆国はかつて日本の最大の貿易相手国だったが，現在は中国が第1位である。

2 シリコンバレー

3 ブラジル

4 BRICS

解説 BRICSの国々は国土面積や人口の世界に占める割合が高く，地下資源も豊富なため，世界への影響力が強い。

5 ヨーロッパ連合
　（EU）

解説 2020年，原加盟国でもあったイギリスはEUから離脱し，イギリスを除く加盟国数は27となった。

6 ユーロ

得点 アップ アメリカ合衆国の産業

◆ 農業→広大な土地を利用した大規模農業。適地適作で栽培。「世界の食料庫」。
◆ 工業→世界一の工業国。宇宙産業や航空機産業など先端技術産業が発達。

49 国際連合のはたらき

問題 次の各問いに答えなさい。

国際連合

☐ **1** 世界の平和を守るために1945年につくられた国際連合の本部がある都市はどこか。

☐ **2** 国際連合の中で，おもに紛争を解決し，世界の平和と安全を守る中心的な機関を何というか。

☐ **3** **2**の機関は，5か国の常任理事国と10か国の非常任理事国から組織されているが，常任理事国がもつ，ある議案に反対し，決議の成立をさまたげることのできる権利を何というか。

☐ **4** 世界の教育，科学，文化の発展のために設けられた，右の写真のような世界遺産の登録や保護を行う国際連合の専門機関を何というか。

☐ **5** 国際連合の全加盟国の参加によって毎年9月に開かれる会議を何というか。

☐ **6** **5**によって設立され，紛争地域や発展途上国の子どもたちの支援を行っている機関を何というか。

☐ **7** 紛争地域における平和の回復などを目的に国際連合が行う活動を何というか。

☐ **8** 1968年に**5**で採択された，核兵器の保有国を限定する条約を何というか。

1 ニューヨーク

解説 設立時の加盟国は51であったが，現在は190をこえる国が加盟している。

2 安全保障理事会

3 拒否権

解説 常任理事国のうち1か国でも反対すると決議が成立しない原則を大国一致の原則という。

4 国連教育科学文化機関（ユネスコ）

5 総会

6 国連児童基金（ユニセフ）

7 国連平和維持活動（PKO）

8 核拡散防止条約

得点 アップ 安全保障理事会

◆常任理事国→アメリカ合衆国，イギリス，フランス，ロシア連邦，中国。拒否権をもつ。

問題 次の各問いに答えなさい。

世界の諸問題

おもな地域紛争

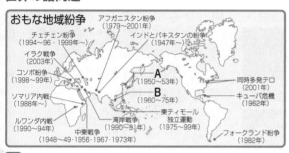

チェチェン紛争
(1994～96・1999年～)

アフガニスタン紛争
(1979～2001年)

インドとパキスタンの紛争
(1947年～)

イラク戦争
(2003年)

コソボ紛争
(1998～99年)

ソマリア内戦
(1988年～)

ルワンダ内戦
(1990～94年)

中東戦争
(1948～49・1956・1967・1973年)

湾岸戦争
(1990～91年)

A
(1950～53年)

B
(1960～75年)

東ティモール
独立運動
(1975～99年)

同時多発テロ
(2001年)

キューバ危機
(1962年)

フォークランド紛争
(1982年)

1 上の地図のうち，**A・B**の戦争は第二次世界大戦後の資本主義国と社会主義国の対立からおこった。この対立状態を何というか。

2 人種や宗教的な迫害，地域紛争，災害などを理由に他国へのがれた人々を何というか。

3 先進国と発展途上国との間で生じている経済格差にかかわる問題を何というか。

4 化石燃料の大量消費が増加をうながす，地球温暖化の原因となる気体を何というか。

日本の役割

5 国連平和維持活動(PKO)に日本から参加している，陸・海・空の部隊からなる組織を何というか。

6 日本などの先進国の政府が，発展途上国に技術的な支援や資金提供をする活動を何というか。

1 冷戦(冷たい戦争)

解説 **A**は朝鮮戦争，**B**はベトナム戦争。第二次世界大戦後，世界はアメリカ合衆国を中心とする資本主義陣営とソ連を中心とする社会主義陣営に大きく二分された。しかし，1989年にはアメリカ合衆国とソ連の首脳が冷戦の終結を宣言し，1991年にはソ連は解体した。

2 難民

3 南北問題

4 温室効果ガス

解説 地球温暖化は，二酸化炭素などの温室効果ガスの量が増加することで，地球の大気や海洋の温度が上昇すること。

5 自衛隊

6 政府開発援助
(ODA)

得点アップ 地球環境問題とその原因

◆地球温暖化(←温室効果ガス増加)　◆砂漠化(←森林伐採など)
◆酸性雨(←大気汚染など)　など

問題 図を見て，[ ]にあてはまる語句を答えなさい。

1 世界の国旗

[① アメリカ合衆国] [② 中華人民共和国]

[③ 大韓民国] [④ ブラジル]

□(1) [① アメリカ合衆国]は日本と結びつきが深く，世界に大きな影響力をもつ国。

□(2) [② 中華人民共和国(中国)]は日本にとって最大の貿易国であり，世界で最も[③ 人口]が多い国。

□(3) [④ 大韓民国(韓国)]は日本にとって最も近い国の1つ。

□(4) [⑤ ブラジル]は地球で日本のほぼ反対側に位置する国。

2 日本の資源・エネルギーの輸入相手国

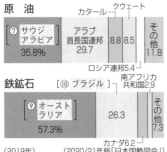

原油

| [⑦ サウジアラビア] 35.8% | アラブ首長国連邦 29.7 | 8.8 | 8.5 | その他 11.8 |

カタール　クウェート
ロシア連邦5.4

鉄鉱石

| [⑨ オーストラリア] 57.3% | 26.3 | その他 7.3 |

[⑩ ブラジル] 南アフリカ共和国2.9
カナダ6.2

(2019年) (2020/21年版「日本国勢図会」)

□(1) 日本はエネルギーや鉱産資源のほとんどを[⑥ 輸入]にたよっている。

□(2) 日本は[⑦ サウジアラビア]やアラブ首長国連邦などの[⑧ 西アジア]の国々から原油を多く輸入している。

□(3) 日本は[⑨ オーストラリア]や[⑩ ブラジル]から鉄鉱石を多く輸入している。

3 各国の発電エネルギー源別割合

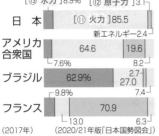

[⑬ 水力]8.9% [⑫ 原子力]3.1

| 日 本 | [⑪ 火力]85.5 | |
新エネルギー2.4

| アメリカ合衆国 | 64.6 | 19.6 |
7.6% 8.2

| ブラジル | 62.9% | 2.7 27.0 |
7.4

| フランス | 70.9 | |
9.8% 13.0 6.3

(2017年) (2020/21年版「日本国勢図会」)

□(1) 日本は[⑪ 火力]発電の割合が高く，東日本大震災のあと，[⑫ 原子力]発電の割合は低くなった。

□(2) ブラジルは[⑬ 水力]発電の割合が高い

□(3) フランスは発電エネルギー源の7割以上を[⑫]が占めている。

4 国際連合

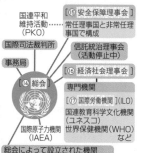

国連平和維持活動……常任理事国と非常任理事国で構成
【⑮ 安全保障理事会】
国際司法裁判所
信託統治理事会（活動停止中）
事務局
【⑯ 経済社会理事会】
専門機関
【⑰ 国際労働機関】(ILO)
国連教育科学文化機関（ユネスコ）
国際原子力機関（IAEA）
世界保健機関（WHO）など
【⑭ 総会】
総会によって設立された機関
国連貿易開発会議（アンクタッド）
国連児童基金（ユニセフ）など

☑(1) 毎年9月に開かれる，全加盟国が参加して開かれる会議を[⑭ 総会]という。

☑(2) 国際連合の中で最も強い権限をもち，世界の平和と安全のために活動している機関を[⑮ 安全保障理事会]という。

☑(3) [⑯ 経済社会理事会]は，経済や社会問題について担当し，[⑰ 国際労働機関](ILO)のような専門機関と協定を結び，その活動を調整している。

5 日本の国際協力

● 日本の2国間のODAの地域別実績

[⑳ 中東・北アフリカ]	中南米 3.4	大洋州 1.6		
[⑲ アジア] 56.5%	12.7	10.0		15.2

サブサハラ・アフリカ 欧州0.6
複数地域ほか
(2018年)　(2019年版「開発協力白書」)

● [㉑ 青年海外協力隊]の地域別派遣実績

南アジア 9%
中央アジア1
東アジア3
東南アジア 14
欧州地域1
大洋州地域 11
北米・中南米地域 22
アフリカ地域 33
中東地域 6
(2019年末現在)　(JICA)

☑(1) 日本の[⑱ 政府開発援助](ODA)は，地域別に見ると[⑲ アジア]，[⑳ 中東・北アフリカ]の割合が高い。

☑(2) [⑱]の一環として，日本は[㉑ 青年海外協力隊]を全世界に派遣しており，派遣先を見ると，アフリカや北米・中南米，東南アジアの割合が高い。

6 これからの地球環境

[㉔ 貧困]

[㉕ 水]

[㉖ 海]

[㉗ 平和]

☑(1) 今後は，開発による経済発展と，環境保全の両立をはかる[㉒ 持続可能]な社会をめざす必要がある。

☑(2) 持続可能な開発目標([㉓ ＳＤＧs])として17のゴールが国連で採択された。

☑(3) 例えば，[㉔ 貧困]をなくす，安全な[㉕ 水]とトイレを世界中に広める，[㉖ 海]の豊かさを守る，[㉗ 平和]と公正をすべての人に，などのゴールがある。

1 こん虫のつくり

入試重要度

月　日

問題 次の各問いに答えなさい。

こん虫の成長とからだ

□ **1** たまご→幼虫→さなぎ→成虫と変化する育ち方を何というか。

□ **2** たまご→幼虫→成虫と変化する育ち方を何というか。

□ **3** モンシロチョウのたまごは，およそどのくらいの大きさか。

□ **4** たまごから幼虫になることを何というか。

□ **5** たまごからふ化したばかりのモンシロチョウの幼虫は何色をしているか。

□ **6** こん虫の頭にあり，においを感じるものを何というか。

□ **7** こん虫の腹にあり，空気の出入りをするあなを何というか。

□ **8** 幼虫は皮をぬいで成長する。この皮をぬぐことを何というか。

こん虫のからだのつくり

□ **9** 次の文の[　]にあてはまる語句・数字を入れよ。
こん虫のからだは[①]，[②]，[③]に分かれ，胸に[④]本のあしがある。

□ **10** 4枚のはねをもつこん虫が多いが，ハエ・カなどは[①]枚であり，ノミ・トビムシなどには，はねが[②]。

---

1 完全変態

解説 チョウ・ハエ・ハチ・テントウムシ・カブトムシなど

2 不完全変態

解説 コオロギ・セミ・トンボ・バッタなど

3 1〜1.5mm

4 ふ化

5 黄色

解説 やがて緑色になる。

6 しょっ角

7 気門

8 だっ皮

9 ①頭
②胸
③腹
④6
※①②③は順番がちがっていても可

10 ①2
②ない

得点 アップ こん虫の口の形

◆チョウ（花のみつを吸う），セミ（木のしるを吸う）→くだになっている。

◆バッタ（葉を食べる），トンボ（ほかの生き物を食べる）→あごが発達している。

2 植物のつくり

入試重要度

月　日

問題 次の各問いに答えなさい。

植物の育ち方とつくり

1 次の文の[　]にあてはまる語句を入れよ。

　　最初に出てきた芽は[①]になる。7月ごろには[②]ができ，[③]がさき出す。花がかれるころには，たくさんの[④]ができている。

2 ヒマワリやアサガオは何でふえるか。

3 スイセンやチューリップは何でふえるか。

4 タンポポやダイコンのように，地面の下でまっすぐのびる根を何というか。

5 オオバコやスズメノカタビラのように，地面の下で広がるようにしてのびる根を何というか。

6 葉をよく見ると，すじのようなものが見られる。これを何というか。

7 芽が出て生育し，たねを残してかれてしまうまでが，1年以内である植物を何というか。

植物のからだ

8 右の図のように，植物のからだは，[A][B][C]からできている。

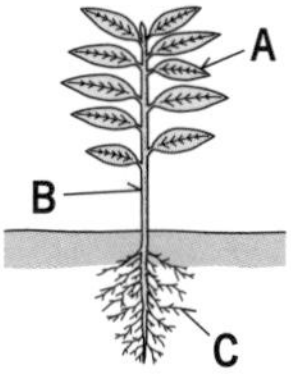

9 水や養分を吸いあげるところが[①]，光で養分をつくるのが[②]である。

1 ①子葉
②つぼみ
③花
④たね

2 たね

3 球根

4 主根

解説 主根のまわりにはえる細い根を側根という。

5 ひげ根

6 葉脈

7 一年草
（一年生植物）

解説 冬の寒いときは，ほとんど成長をしないで冬をこす草花もある。

8 A 葉
B くき
C 根

9 ①根
②葉

得点アップ 植物のからだの各部のはたらき

◆ 葉 → 日光があたると，成長していくための養分（でんぷん）をつくる。
◆ くき → 水や水にとけた養分・肥料分を運ぶ。からだを支える。
◆ 根 → 水や水にとけた肥料分を吸収する。地中に広がってからだを支える。

問題 次の各問いに答えなさい。

春・夏の動物のようす

☑**1** チョウがさなぎから成虫になることを何というか。

☑**2** モンシロチョウは，どんな植物の葉のうらにたまごを産みつけるか。

☑**3** アゲハは，どんな植物の葉のうらにたまごを産みつけるか。

☑**4** チョウの成虫は，何をえさにしているか。

☑**5** テントウムシは，何をえさにしているか。

☑★**6** ヒキガエルのたまごは，何へ成長するか。

☑**7** 南の国からやってきて，家ののき下などに巣をつくるツバメなどの鳥を何というか。

☑**8** 昼，木の樹液(じゅえき)に集まるこん虫には，どんなものがいるか。

☑**9** 夜，木の樹液に集まるこん虫には，どんなものがいるか。

☑**10** アブラゼミやミンミンゼミは，よう虫のときはどこにすんでいるか。

☑★**11** アブラゼミやカマキリなどのような，さなぎにならない成長のしかたを何というか。

1 う 化

解説 ガやカブトムシなどがさなぎから成虫になる場合も，う化という。

2 キャベツ，アブラナなど

3 カラタチ，ミカンなど

4 花のみつ

5 アブラムシ

6 おたまじゃくし

7 夏 鳥

8 オオムラサキ,カナブン,スズメバチなど

9 カブトムシ,クワガタ,ガなど

10 土の中

11 不完全変態

解説 セミやカマキリは，よう虫からさなぎにならず，脱皮して成虫になる。

得点 アップ こん虫の成長

◆ 完全変態(たまご→よう虫→さなぎ→成虫)→チョウ，テントウムシ，カブトムシなど。

◆ 不完全変態(たまご→よう虫→成虫)→セミ，カマキリ，バッタなど。

問題 次の各問いに答えなさい。

秋・冬の動物のようす

1 秋になると鳴く虫には，どのようなものがいるか。

2 秋になるとツバメが日本をはなれ，向かう南の国とはおもにどのあたりか。

3 カマキリの茶色いあわのようなものにつつまれた形をしているたまごを何というか。

4 オオカマキリのたまごは，どこで観察されるか。

5 日本より北のほうから来て，日本で冬をこすハクチョウやカモなどの鳥を何というか。

動物の冬ごしのすがた

6 モンシロチョウやアゲハは，どのようなすがたで冬をこすか。

7 ミツバチやハナアブ・テントウムシなどは，どのようなすがたで冬をこすか。

8 コオロギやバッタ・オオカマキリなどは，どのようなすがたで冬をこすか。

9 カブトムシやコガネムシは，どのようなすがたで冬をこすか。

10 カエルやヘビなどが，土の中やかれ木の下でねむって冬をこすことを何というか。

1 コオロギ, キリギリス, マツムシなど

2 東南アジア

解説 東南アジアが多いが，台湾(たいわん)やオーストラリアでも観察されている。

3 卵しょう(卵のう)

4 木のえだ，
　草のくきなど

5 冬鳥

解説 ツルも冬鳥のなかまである。

6 さなぎ

7 成虫

8 たまご

9 よう虫

10 冬眠

解説 変温動物は，気温とともに体温が変化するので，冬眠して冬をこす。

得点 アップ 動物（ほ乳類）の冬ごし

◆冬眠(とうみん)しないもの→キツネ・ニホンカモシカなど。

◆冬眠するもの→ヤマネ・コウモリ・クマなど。

67

5 生命と地球

植物のくらしと季節 (1)

入試重要度

月　日

問題 次の各問いに答えなさい。

春・夏の植物のようす

□ **1** 次の文の[　]にあてはまる語句を入れよ。
春になると，野山や庭，花だんなどのいろいろな場所で，多くの草木が[①]を出し，[②]がさき始める。
夏になると，草木は花がさき，[③]もどんどん大きくなる。

□ **2** チューリップ・ナズナ・タンポポなどの花が見られる季節はいつか。

□ **3** ヒマワリ・ホウセンカ・アジサイなどの花が見られる季節はいつか。

□ **4** ヘチマのたねは，どのくらいの深さにまけばよいか。

□ **5** 北海道と九州では，どちらが先にサクラがさくか。

★□ **6** 次の文の[　]にあてはまる語句を入れよ。
サクラには，葉になる芽と花になる芽がある。右の図は，サクラの枝の先で，Aは[①]になる芽で，Bは[②]になる芽である。
はじめに[③]がさき，花が散るころになると[④]が出る。

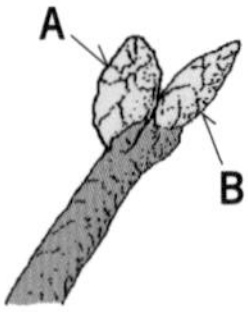

1 ①芽 ②花 ③実

2 春

3 夏

4 土表面から2～3 cmくらい

解説 指の第一関節くらいの深さのあなにまくとよい。

5 九州

解説 サクラは，あたたかいところから順に，沖縄→九州→本州→北海道と開花する。

6 ①花 ②葉 ③花 ④葉

得点アップ 春の七草

◆セリ・ナズナ・ゴギョウ・ハコベラ・ホトケノザ・スズナ・スズシロ
(秋の七草もあり，ハギ・ススキ・キキョウ・ナデシコ・オミナエシ・クズ・フジバカマ)

社会 | 理科 | 算数 | 英語 | 国語

問題 次の各問いに答えなさい。

秋・冬の植物のようす

1 次の文の[　]にあてはまる語句を入れよ。

秋になると，草木の実がじゅくし，葉が[　①　]色や赤色などに色づいてくる。

冬になると，野山の木々が葉を落とし，草がかれる。木の[　②　]はかたい皮でおおわれる。

2 ドングリ・カキ・クリなどの実が見られる季節はいつか。

3 紅葉(黄葉)が見られるのは，山の上と平地ではどちらが先か。

4 ヘチマやアサガオなどは，どのようなすがたで冬をこすか。

5 冬にサクラなどの枝にある，春に花や葉になるための芽のことを何というか。

6 冬に花をさかせる植物には，どんなものがあるか。

7 タンポポやナズナなどは，冬の間，[　①　]をのばさず，葉を地面にそって放射状に広げた[　②　]というすがたで冬をこす。

ジャガイモは地下のくき，サツマイモは[　③　]にそれぞれ[　④　]をたくわえて冬をこす。

1 ①黄

解説 葉が黄色く色づくものを黄葉，赤く色づくものを紅葉という。

②芽

解説 木の花や葉の芽は，冬の間，かたい冬芽で守られている。

2 秋

3 山の上

解説 紅葉は気温が下がると始まるので，北のほうや山の上から先に色づく。

4 種　子

5 冬　芽

6 ツバキ，ビワ，サザンカなど

7 ①く　き
②ロゼット
③根
④養分(デンプン)

得点アップ 冬の植物

◆ 落葉樹→葉を落として冬をこす樹木(サクラ・カエデ・ツタなど)
◆ 常緑樹→冬でも葉をつけている樹木(マツ・スギ・ヒノキ・サザンカ・ツバキなど)

69

問題 次の各問いに答えなさい。

種子のつくり

☐ **1** 次の文の[ ]にあてはまる語句を入れよ。

ヘチマのように，はいの中の[①]に発芽するための養分がたくわえられている種子を[②]という。

また，カキのように，[③]に発芽のための養分がたくわえられている種子を[④]という。

ヘチマ（種皮／はい／子葉）

カキ（種皮／はい／はいにゅう／子葉／はい）

☐ **2** 無はいにゅう種子では，よう根，はいじく，子葉の部分はそれぞれ何になるか。

☐ **3** 次の各問いに答えなさい。

①切り開いた種子をある薬品で調べたところ，むらさき色に変化した部分があった。この薬品名は何か。

②①のように調べた結果から，種子には何という養分がたくわえられていることがわかるか。

発芽のための条件

☐ **4** 植物が発芽するためには，3つの条件が必要である。その3つの条件は[①]と[②]と[③]である。

---

1 ①子葉（しよう）

②無はいにゅう種子

解説 インゲンマメ・キュウリ・ヒマワリ・アサガオなども無はいにゅう種子である。

③はいにゅう

④有はいにゅう種子

解説 イネ・ムギ・トウモロコシ・マツなども有はいにゅう種子である。

2 （よう根）根

（はいじく）くき

（子葉）葉

3 ①ヨウ素液

②でんぷん

解説 種子が発芽して成長するときにでんぷんが使われる。

4 ①水（水分）

②適当な温度

③空気

※①②③は順番がちがっていても可

得点 アップ 種子の発芽と養分

◆子葉やはいにゅうの中にある養分（でんぷん）は，発芽後しばらく使われる。

8 生命と地球 植物の成長

入試重要度 ▮▮▯

月 日

問題 次の各問いに答えなさい。

植物の成長と日光・肥料

1 日光にあてた植物のくきは，日光にあてない植物と比べてどのようになるか。

2 日光にあてない植物の葉の数は，日光にあてた植物と比べてどのようになるか。

3 日光にあてた植物の葉の色は，日光にあてない植物と比べてどのようになるか。

4 肥料をあたえない植物のくきは，肥料をあたえた植物と比べてどのようになるか。

5 肥料をあたえた植物の葉の数は，肥料をあたえない植物と比べてどのようになるか。

6 肥料をあたえない植物の葉の色は，肥料をあたえた植物と比べてどのようになるか。

7 次の文の[ ]にあてはまる語句を入れよ。
種子が発芽するためには，[①]・[②]・[③]が必要であるが，発芽したあと，じょうぶに成長するためには，さらに[④]・[⑤]が必要である。

8 植物は，葉にある[ ]ででんぷんをつくり，それを養分としている。

9 つくられたでんぷんは，ジャガイモでは地下の[①]にたくわえられ，サツマイモは[②]にたくわえられる。

1 太くなる

2 少なくなる

3 こい緑色になる

解説 日光にあてたときのほうが，根も長く，広がっている。

4 細くなる

5 多くなる

6 うすい緑色になる

7 ①水（水分）
②適当な温度
③空気（酸素）
④日 光
⑤肥 料
※①②③と④⑤はそれぞれ順番がちがっていても可

解説 日光と肥料は，発芽のための条件ではないことに注意する。

8 葉緑体

9 ①くき
②根

得点 アップ 肥料の三要素

◆ 肥料は無機養分で，おもな成分はちっ素・カリウム・リン酸の3種類。

9 花から実へ

入試重要度 ■■

月　日

問題 次の各問いに答えなさい。

花のつくり

☐ **1** 1つの花に，がく，花びら，めしべ，おしべ
の4要素をもっている花を何というか。

☐ **2** 1つの花に，花の4要素のどれか1つでも欠
けている花を何というか。

☐ **3** 1つの花に，おしべ・めしべの両方がある花
を何というか。

☐ **4** 1つの花に，おしべ・めしべのどちらか一方
しかない花を何というか。

☐ **5** 同じ花のおしべとめしべの間や，同じ株(かぶ)のお花と
め花の間で行われる受粉のしかたを何というか。

☐ **6** 虫によって受粉が行われる花を何というか。

☐ **7** 風によって受粉が行われる花を何というか。

受粉としぼうの成長

☐ **8** 次の文の[　]にあてはまる語句を入れよ。
おしべのやくにある[①]がめしべの先の
[②]につくことを[③]という。その後，
花粉管がのびていき，子ぼうの[④]にとどく。

☐ **9** 花粉管の中の精核(せいかく)と卵核(らんかく)がいっしょになって
[①]が行われると，子ぼうがふくらんで
[②]となり，はいしゅは[③]になる。

1 完全花

解説 アブラナ・タンポポなど

2 不完全花

解説 カボチャ・トウモロコシなど

3 両性花

4 単性花

5 自家受粉

解説 アサガオ・イネ・エンドウ・ムギなど

6 虫ばい花

7 風ばい花

8 ①花　粉
　　②柱　頭
　　③受　粉
　　④はいしゅ

9 ①受　精
　　②実
　　③種　子

得点 アップ めしべのつくり

◆めしべは，柱頭・花柱・子ぼうの3つの部分からできている。子ぼうの中に
は，やがて種子になるはいしゅがある。

◆受精後，子ぼうは実になり，はいしゅは種子になる。

10 魚の育ち方

問題 次の各問いに答えなさい。

メダカの育ち方と飼い方

1 メダカのおすとめすは，からだのどことどこで見分けるか。

2 メダカは１年のうち，いつごろたまごを産むか。

3 メダカがたまごを産みつけやすいように，水そうには何を入れるとよいか。

4 メダカの産卵（さんらん）に適した水温は何℃くらいか。

5 産卵されたメダカのたまごは，水温が25℃くらいでは何日くらいでふ化するか。

6 メダカは，からだのどこで呼吸（こきゅう）をするか。

7 自然の中では，メダカは何を食べているか。

8 メダカを飼育する場合，どんなことに注意してえさをあたえたらよいか。

9 メダカを飼育する場合，あるいは，水そう内のよごれた水をとりかえる場合，水そうにはどんな水を入れたらよいか。

メダカのからだのつくり

10 次の文の[　]にあてはまる語句を入れよ。

めだかのおすには，せびれには切れこみが[①]，しりびれが[②]に近い形をしている。

めだかのめすには，せびれには切れこみが[③]，しりびれが[④]に近い形をしている。

1 せびれ，しりびれ

2 ４〜10月ごろ

3 水　草

解説 水草は光合成によって酸素を生み出してくれる。

4 約25℃

5 約11日

6 え　ら

7 水の中の小さな生き物

解説 動物性プランクトンや植物性プランクトンなど。

8 食べ残しのない程度にあたえる。

9 くみおきの水

10 ①あり
　　②平行四辺形
　　③なく
　　④三角形

得点 アップ メダカの飼育

- メダカのおすとめすは，せびれとしりびれで見分ける。
- 水草は，たまごを産みつける場所となるだけでなく，酸素をつくってくれる。

11 生き物のつながり

入試重要度

月　日

問題 次の各問いに答えなさい。

食物連鎖

☐ **1** 草食動物は何を食べて生きているか。

☐ **2** 肉食動物は何を食べて生きているか。

☐ **3** 食べ物をたどっていくと、すべて何にたどりつくか。

☐ **4** 生き物は、食べる・食べられるの関係でつながっている。この関係を何というか。

☐ **5** 食物連鎖の出発点である植物は、生き物のつながりの中で何といわれるか。

☐ **6** 植物が、生き物のつながりの中で出発点になっているのはなぜか。

☐ **7** かれた植物や、動物の死体・ふんなどを分解して養分をとり入れている生き物を何というか。

☐ **8** **7**には、どのような生き物がいるか。

☐ **9** 食物連鎖では、食べるものと食べられるものの、どちらの数がふつう多いか。

☐ **10** 次の文の[　]にあてはまる語句を入れよ。

図の**A**の植物は[①]という。**B**の[②]や**C**の[③]は[④]、**D**は[⑤]とよばれる。

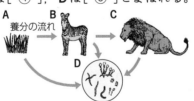

養分の流れ

1 植物

2 動物

解説 雑食動物は植物・動物の両方を食べている。

3 植物

4 食物連鎖

5 生産者

解説 植物がつくる養分を食べる動物を消費者という。

6 光合成によって養分をつくり出すから。

7 分解者

8 きん類・細きん類

解説 ダンゴムシやミミズなども分解者である。

9 食べられるもの

10 ①生産者
②草食動物
③肉食動物
④消費者
⑤分解者

得点アップ　生き物のかかわり

◆自然界では、「食べる・食べられる」の食物連さによってバランスが保たれている。

12 生命と地球
水中の小さな生き物

入試重要度

月　日

問題 次の各問いに答えなさい。

小さな生き物の観察器具

1 プランクトンを観察する場合，使う器具は何か。

2 1を使って視野の左上に見えた物体を，視野の中央で観察したい場合，プレパラートをどの方向に動かせばよいか。

プランクトンのなかま

3 次のA～Dはけんび鏡で観察したプランクトンである。これについて，あとの問いに答えなさい。

A B C D

①それぞれの名まえは何か。
②実物の大きさがいちばん小さいのはどれか。
③実物の大きさがいちばん大きいのはどれか。
④多細胞生物の動物性プランクトンはどれか。

4 植物性プランクトンは何色か。

5 動物性プランクトンと植物性プランクトンの両方の特徴をもったプランクトンは何か。

---

1 けんび鏡

2 左上

解説 けんび鏡では，実際とは上下左右が逆に観察される。

3 ①A ミカヅキモ
　　B ゾウリムシ
　　C ミドリムシ
　　D ミジンコ

②C

③D

④D

解説 生き物には，単細胞生物と多細胞生物がある。

4 緑色

解説 植物性プランクトンは光合成をする。

5 ミドリムシなど

解説 光合成をするが，べん毛があり動くことができる。

得点 アップ プランクトンの養分のとり方

◆ 動物性プランクトン(ゾウリムシ・ミジンコなど)→植物性プランクトンや他の動物性プランクトンを食べる。
◆ 植物性プランクトン(ミカヅキモ・アオミドロなど)→光合成によって養分(栄養分)をつくる。

75

13 人の誕生

問題 次の各問いに答えなさい。

人の誕生と成長

☐ ★1 精子は，男性のからだのどこでつくられるか。

☐ ★2 卵（らん）は，女性のからだのどこでつくられるか。

☐ 3 男性のからだでつくられる精子はどのくらいの大きさか。

☐ 4 女性のからだでつくられる卵はどのくらいの大きさか。

☐ 5 女性の卵と男性の精子が結びつくことを何というか。

☐ 6 5のようにしてできた卵のことを何というか。

☐ 7 6が子宮内のかべにくっつくことを何というか。

☐ ★8 6は，母親のからだのどこで成長するか。

☐ 9 受精してから約何週で赤ちゃんが生まれてくるか。

☐ 10 生まれたばかりの赤ちゃんの身長，体重はどのくらいか。

子宮の中のようす

☐ ★11 次の文の[　]にあてはまる語句を入れよ。
受精卵は，母親の[　　]の中で育つ。

☐ 12 たい児は[　①　]や[　②　]を通じて，成長に必要な養分や[　③　]を受けとり，不要なものは母体へ返している。

---

1 精そう

2 卵そう

3 約0.06mm

4 約0.14mm

解説 女性のからだが成長すると，毎月1個の卵が卵そうから放出される。

5 受　精

6 受精卵

7 着しょう

8 子　宮

9 約38週

10 （身長）約50cm
（体重）約3000g

11 子　宮

12 ①たいばん
②へそのお
③酸　素

※①②③は順番がちがっていても可

得点アップ ヒトのなかま

◆母体内（子宮）でたい児を育て，出産後，母乳をあたえるなかまを，ほ乳類という。

社会　理科　算数　英語　国語

問題 次の各問いに答えなさい。

呼吸

1 からだに酸素をとり入れ，二酸化炭素をはき出すことを何というか。

2 はき出した空気には，二酸化炭素のほかに，何の気体が多くふくまれているか。

3 二酸化炭素を通すと白くにごる液体は何か。

4 口と肺をつなぐ空気の通り道を何というか。

5 肺は，小さなふくろがたくさん集まってできている。このふくろを何というか。

6 **5**のふくろのまわりをとりまいているものは何か。

7 肺から全身へ流れる血液は，何を多くふくんでいるか。

8 息を吸うとき，ろっ骨は上がるか，下がるか。

吸いこむ空気とはき出す空気

9 次の文の[　]にあてはまる語句を入れよ。
吸う息を通した石灰水は白く[　①　]が，はく息を通した石灰水は白く[　②　]。これは，吸う空気の中には，[　③　]が少なく，はき出す空気の中には[　③　]が多いからである。

10 酸素や二酸化炭素がどのくらいふくまれているかを知るためには，[　　]を使う。

---

1 呼　吸

2 水蒸気

3 石灰水

4 気管，気管支

5 肺ほう

解説 肺ほうは，肺全体で約3億個ある。

6 毛細血管

7 酸　素

8 上がる

解説 息を吸うときろっ骨は下がる。

9 ①にごらない
②にごる
③二酸化炭素

10 気体検知管

得点 アップ ヒトの呼吸

◆呼吸のはたらき →からだに必要な酸素と不要な二酸化炭素を交かんする。

◆ろっ骨が上下に運動することで，肺の中に空気が入ったり出たりする。

問題 次の各問いに答えなさい。

口とだ液のはたらき

☐ **1** 口の中で出される消化液は何か。

☐ **2** ★ だ液は何を分解するか。

☐ **3** **2**の結果，分解されて何ができるか。

☐ **4** ★ でんぷんをふくむ液体に入れると，青むらさき色に変化するものは何か。

養分の吸収

☐ **5** 食べ物の養分は，体内に吸収されやすいものに変えられる。このはたらきを何というか。

☐ **6** 口からこう門まで，食べたものが通るところを順に答えよ。

☐ **7** 胃液は何を分解するか。

だ液による実験

☐ **8** 次の文の[　]にあてはまる語句を入れよ。

下の実験で，試験管に入れた液体 **A** は[①]である。この液体を入れても色の変化が起こらないことから，[②]が別のものに変化したことがわかる。

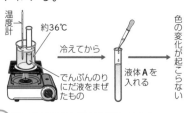

温度計　約36℃
冷えてから
でんぷんのりにだ液をまぜたもの
液体 **A** を入れる
色の変化が起こらない

1 だ　液

2 でんぷん

3 糖

4 ヨウ素液

5 消　化

6 口→食道→胃→小腸
→大腸→こう門

解説 口からこう門までのひと続きの管を消化管という。

7 たんぱく質

8 ①ヨウ素液
②でんぷん

得点 アップ 吸収された養分のゆくえ

◆ 養分 →小腸のじゅう毛→毛細血管→肝臓

16 生命と地球 人のからだ（3）

問題 次の各問いに答えなさい。

人の心臓と血液

1 心臓は何でできているか。

2 心臓はいくつの部屋に分かれているか。

3 心臓の中にあって，血液の逆流を防いでいるものは何か。

4 心臓から送り出す血液が流れている血管を何というか。

5 酸素を多くふくむ血液を何というか。

6 血液中で酸素を運ぶはたらきをするものは何か。

7 血液中で，体内に入った細きんを殺すはたらきをするものは何か。

8 血液中で，出血したときに血液を固めるはたらきをするものは何か。

9 血液中で，とう明な液体で養分や二酸化炭素などの不要なものを運ぶ成分は何か。

心臓のつくりとはたらき

10 次の文の[　]にあてはまる語句を入れよ。

右の心臓の図で，Aは[①]，Bは[②]，Cは[③]，Dは[④]であり，全身から流れてきた血液はAに入る。

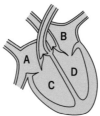

1 筋肉

2 ４つ

3 弁

4 動脈

解説 心臓へもどってくる血液が流れている血管を静脈という。

5 動脈血

解説 二酸化炭素を多くふくむ血液を静脈血という。

6 赤血球

7 白血球

8 血小板

9 血しょう

10 ①右心ぼう
　　②左心ぼう
　　③右心室
　　④左心室

得点 アップ 心臓と血液

◆心臓は，血液を全身にじゅんかんさせるポンプのようなはたらきをする。
◆血管には，心臓から出る動脈と心臓へもどる静脈がある。

社会 理科 算数 英語 国語

入試重要度

月　日

79

問題 次の各問いに答えなさい。

かん臓とじん臓のはたらき

☐ **1** 小腸で吸収されたぶどう糖は，血液によってかん臓に運ばれ，何というものに変えられてたくわえられるか。

☐ **2** かん臓から出される消化液は何か。

☐ **3** **2**の消化液は，どんなはたらきをするか。

☐ **4**★ かん臓は，からだの中でできた有害なものをにょう素に変えている。有害なものとは何か。

☐ **5**★ じん臓は，にょう素など，からだの中の不要なものをこしとって何をつくっているか。

☐ **6**★ じん臓でつくられた**5**は，どこに一時ためられるか。

耳のつくりとはたらき

☐ **7** 次の文の[　]にあてはまる語句を入れよ。
耳は，[　①　]・[　②　]・[　③　]の3つからなる。
音は，外耳道を通って[　④　]をしん動させる。

目のつくりとはたらき

☐ **8** 図の**A**は[　①　]で，**B**は[　②　]である。**C**の[　③　]から入った光は**A**を通り，**B**に像をうつし出す。

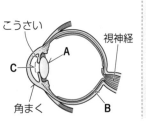

こうさい

視神経

A

C

角まく

B

1 グリコーゲン

解説 からだの中にぶどう糖が不足すると，これを分解してぶどう糖にもどす。

2 たんじゅう

3 しぼうの消化を助けるはたらき

4 アンモニア

解説 アンモニアはたんぱく質の分解で生じる。

5 にょう

6 ぼうこう

7 ①外　耳
　②中　耳
　③内　耳
　④こまく

8 ①レンズ
　（水晶体）
　②もうまく
　③ひとみ

得点 アップ かん臓とじん臓のはたらき

◆かん臓…養分をたくわえる。有毒な物質を無毒な物質に変える。

◆じん臓…不要なものや余分な水分を血液中からこしとる。にょうをつくる。

問題 次の各問いに答えなさい。

社会　理科　算数　英語　国語

日光と植物の養分

1 植物が，葉の緑色の部分で，日光を受けて養分をつくるはたらきを何というか。

2 植物の葉の中には緑色のつぶがあり，ここで光合成が行われる。このつぶを何というか。

3 光合成に必要な材料は日光のほかに何か。

4 光合成によってつくられる養分は何か。

5 光合成のときに必要な水は，植物のどこから吸収するか。

6 光合成のときに必要な二酸化炭素は，植物のどこからとり入れるか。

7 でんぷんがあることを調べる薬品は何か。

8 根で吸収された水は，植物のからだの中の何という管を通って運ばれるか。

9 植物の中の余った水が，植物の葉から水蒸気(すいじょうき)となって空気中に出ていくことを何というか。

光合成に必要なものとつくられるもの

10 次の文の[　]にあてはまる語句を入れよ。
葉の一部をアルミニウムはくでおおって日光にあて，アルコールにひたして緑色をぬいた。これにヨウ素液をかけると，アルミニウムはくでおおわなかった部分は[　①　]になるが，おおった部分は[　②　]。

1 光合成

解説 電灯の光でも光合成は行われる。

2 葉緑体

解説 葉緑素という緑色の色素をふくんでいる。

3 二酸化炭素，水

4 でんぷん

解説 でんぷんのほかに，光合成で酸素も生じる。

5 根

6 気こう

7 ヨウ素液

8 道管(どうかん)

9 蒸散(じょうさん)

解説 蒸散も，葉の気こうを通して行われる。

10 ①青むらさき色
②変化しない

得点 アップ 光合成の条件

◆日光がよくあたった緑色の葉にはでんぷんができているが，日光があたっていない葉にはでんぷんはできない。

81

問題 次の各問いに答えなさい。

生き物とかん境

☑ **1** 地球全体の平均気温が年々高くなっている問題を何というか。

1 地球温暖化

☑ **2** **1**は、大気中に何がふえたために起こったものであると考えられているか。

2 二酸化炭素

☑ **3** **2**は石油・石炭・天然ガスなどの大量使用によって発生する。これらの燃料を何というか。

3 化石燃料

☑ **4** 二酸化炭素やメタンなど、地球の大気の温度を上げてしまう気体を何というか。

4 温室効果ガス

☑ **5** 地球温暖化の結果、どんな現象が地球に起こっていると考えられているか。

5 海水面の上しょう、異常気象など

解説 こう水・干ばつが起こり、マラリアなどの感染症も広がるといわれている。

☑ **6** 地球では、さかんに森林がばっ採されている。その結果、どんな現象が起こっているか。

6 砂ばく化

☑ **7** 雨が、強い酸性になることを何というか。

7 酸性雨

☑ **8** **7**は、どんなものを燃やして出た物質が雨にとけて起こったものか。

8 石油・石炭など

☑ **9** フロンガスの大量使用により、地球全体に起こっている問題は何の破壊か。

9 オゾン層

☑ **10** プラスチックなどを家庭で燃やすと、何といわれる有害物質が発生するおそれがあるか。

10 ダイオキシン

☑ **11** 太陽のエネルギーを利用して、かん境へのえいきょうが少ない発電方法を何というか。

11 太陽光発電

得点 アップ 地球温暖化の影響

◆南極の氷がとけたり、暑い地域の生き物が北上してきたりしているといわれている。

生命と地球

20 太陽とその動き方

入試重要度 ∎∎∎

月　日

問題 次の各問いに答えなさい。

太陽の動き

1 太陽は正午ごろ，真南にくる。このことを何というか。

2 太陽は１時間に約何度，東から西に動くか。

3 １年のうち，太陽の南中高度が最も低くなるのは何といわれる日か。

4 １年のうち，太陽の南中高度が最も高くなるのは何といわれる日か。

5 太陽が真東からのぼり真西にしずむのは，１年のうちいつか。

6 **5** のとき，昼と夜の長さはどうなっているか。

太陽のようす

7 太陽の表面に見える，黒い点を何というか。

8 太陽の表面で，ほのおのようにふき上がる気体を何というか。

１年を通じての太陽の動き

9 次の文の[　]にあてはまる記号を入れよ。
右の図で，夏至（げし）の日の太陽の動きは[　①]，冬至（とうじ）の日の太陽の動きは[　②]，春分の日・秋分の日の太陽の動きは[　③]である。

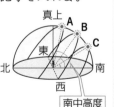

真上　A　B　C
東
北　南
西
南中高度

---

1 南　中

2 約15度

3 冬至の日

解説 かげの長さが最も長くなる。

4 夏至の日

解説 かげの長さが最も短くなる。

5 春分の日，秋分の日

6 ほぼ同じ

7 黒　点

解説 黒点は，太陽の自転により，地球から見て東から西に太陽表面を移動していく。

8 プロミネンス（紅炎（こうえん））

9 ①A
　②C
　②B

得点 アップ 太陽の南中高度（北半球の場合）

◆太陽の南中高度は，夏至がいちばん高く，冬至がいちばん低くなる。

問題 次の各問いに答えなさい。

月の形と動き

☐ **1** 月の形は日がたつにつれて変化していくが，新月からの日数で表したものを何というか。

☐ **2** 月はどの方角からのぼりどの方角にしずむか。

☐ **3** 月は1時間に，約何度動いて見えるか。

☐ **4** 時間がたつと月が動いて見えるのは，地球の何という運動が原因になっているか。

☐ **5** 満月から満月まで，約何日かかるか。

☐ **★6** 月が光って見えるのはなぜか。

☐ **7** 新月から上げんの月まで，約何週間かかるか。

☐ **★8** 夕方，西の空の低い所で見え始める月は何か。

☐ **★9** 夕方，太陽がしずむころ真南に見える月は何か。

☐ **★10** 明け方，南の空に見える月は何か。

月の動きと見え方

☐ **★11** 次の文の[　]にあてはまる記号を入れよ。

図の**A〜D**は，午後6時から2時間ごとの月の位置をかいたものである。午後6時の月の位置は[　①　]である。また，この日の月の形は**ア〜エ**のうち，[　②　]である。

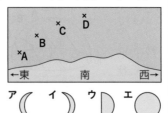

1 月齢（げつれい）

解説 新月の月齢を0とする。

2 東からのぼり，西にしずむ。

3 約15度

4 自転

5 約29.5日

解説 月の公転周期は約27.3日である。

6 太陽の光を反射（はんしゃ）しているから。

7 約1週間

8 三日月

9 上げんの月

10 下げんの月

11 ①A
　　②エ

解説 1週間前の月はウの形をしている。

得点 アップ 月の満ち欠けと見える時間・方角

◆三日月は夕方・西の空に，上げんの月は夕方・南の空に見える。

22 星とその動き

入試重要度 ■■■

月　日

問題 次の各問いに答えなさい。

星の動き

1 北の空の星は，何という星を中心に動いて見えるか。

2 北の空の星は，**1**の星を中心にしてどのように動いて見えるか。

3 南の空の星は，どの方角からどの方角へ動いて見えるか。

4 星が右ななめ下にしずんでいくように見えるのはどちらの方角か。

5 星が右ななめ上にのぼっていくように見えるのはどちらの方角か。

6 星は，1時間に約何度動いて見えるか。

7 星が時間とともに動いて見えるのは，地球のどんな運動が原因となっているか。

8 星が時間とともに動いて見える運動を何というか。

9 星は，1か月たつと，約何度ずれて見えるか。

北の空の星の動き

10 次の文の[　]にあてはまる語句・数字を入れよ。
北の空の星は，北極星を中心に[①]まわりに，1時間に約[②]度ずつ動く。このように見えるのは，地球が[③]から[④]に自転しているためである。

---

1 北極星

解説 北極星は北の空にあってほとんど動かない。

2 反時計まわり
（左まわり）

3 東から西

4 西

5 東

6 約15度

解説 1日（24時間）でほぼもとの位置にもどる。

7 自転

8 日周運動

解説 星が，日がたつにつれてずれて見える動きを年周運動という。

9 約30度

10 ①反時計（左）
②15
③西
④東

得点 アップ 北の空の星座の動き

◆ 北極星を中心にして，1時間に約15度だけ反時計まわり（左まわり）に動く。

問題 次の各問いに答えなさい。

星の見え方

☑ **1** 最も明るい星を何とよぶか。

☑ **2** 1等星は6等星の約何倍の明るさか。

☑ **3** 星の色がちがってみえるのはなぜか。★

☑ **4** 次の文の[　]にあてはまる語句を入れよ。★

夏の大三角をつくる星は，わし座の[①]，こと座の[②]，はくちょう座の[③]である。夏の夜，南の空に見えるS字の形をした星座は[④]座で，アンタレスという赤い1等星が見える。冬の大三角をつくる星は，おおいぬ座の[⑤]，こいぬ座の[⑥]，オリオン座の[⑦]である。オリオン座には，⑦のほかに[⑧]という青白く光って見える1等星がある。

冬の星座

☑ **5** 右の図は，冬の夜空を表したものである。Aは[①]座，Bは[②]座，Cは[③]座である。また，冬の大三角をつくる1等星は[④]である。

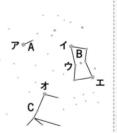

1 1等星

2 約100倍

解説 1等星は2等星の約2.5倍の明るさである。

3 星の表面温度がちがうから。

4 ①アルタイル
②ベ　ガ
③デネブ
④さそり
⑤シリウス
⑥プロキオン
⑦ベテルギウス
⑧リゲル

5 ①こいぬ
②オリオン
③おおいぬ
④ア，イ，オ

得点アップ 夏の大三角，冬の大三角

◆夏の大三角…アルタイル(わし座)，ベガ(こと座)，デネブ(はくちょう座)
◆冬の大三角…シリウス(おおいぬ座)，プロキオン(こいぬ座)，ベテルギウス(オリオン座)

問題 次の各問いに答えなさい。

社会　理科　算数　英語　国語

雨水のゆくえ

1 次の文の[ ]にあてはまる語句を入れよ。

ふった雨は，[①]いほうから[②]いほうへ流れていく。

水を入れた容器を地面に置いて地面のかたむきを調べる場合，水が多くかたよったほうの地面が[③]。

2 アスファルトの道路にある，雨水を下水道や近くの河川に流すためのしくみを何というか。

3 2は，道路の中央とはしのどちらにつくられているか。

水のしみこみやすさ

4 水のしみこみ方は，土の何によってちがうか。

5 すな，コンクリート，砂利を，水たまりができやすい順に並べなさい。

雨水による災害と対策

6 雨が降ることによって，川の水があふれることを何というか。

7 雨が多くふることで，家や地下しせつに多くの水が流れてたまることを何というか。

---

1 ①高
②低
③低い

解説 地面のかたむきを調べるには，つつを置いてビー玉を転がす方法や雨水の流れ方を観察する方法もある。

2 雨水ます

3 はし

解説 雨水が流れるように，道路のはしは中央より低くしてある。

4 つぶの大きさ

5 コンクリート，すな，砂利

解説 つぶが小さいほど，水はしみこみにくく，水たまりができやすい。

6 こう水

7 しん水

得点アップ 水のしみこみやすさ

◆水のしみこみやすい順に，
砂利>赤玉土>すな場の土>校庭の土>ねん土>コンクリート
（しみこみやすい・つぶが大きい）　　（しみこみにくい・つぶが小さい）

流水のはたらき

入試重要度

月　日

問題 次の各問いに答えなさい。

流れる水のはたらき

★□ **1** 流水が，地面やがけから，土砂（どしゃ）などをけずりとる作用を何というか。

1 しん食（作用）

★□ **2** 流水が，しん食などでけずりとった土砂などを運ぶ作用を何というか。

2 運ぱん（作用）

★□ **3** 流水が運ぱんしてきた土砂が，川の底などにしずみ，たまる作用を何というか。

3 たい積（作用）

□ **4** 流れる水は，かたむきの急な所，ゆるやかな所のどちらで，はやくなるか。

4 急な所

□ **5** 流れる水は，浅い所，深い所のどちらで，はやくなるか。

5 浅い所

□ **6** 流れる水は，みぞのはばが広い所，せまい所のどちらで，はやくなるか。

6 せまい所

□ **7** 曲がっている川で流れがはやいのは，外側と内側のどちらか。

7 外側

解説 曲がっている川では，外側の底のほうがしん食作用が大きく，深くなる。

□ **8** 次の文の[　]にあてはまる記号を入れよ。

右の図は，曲がっている川の流れを示している。川原に小石や砂がたまるのは[①]と[②]である。また，岸がけずられるのを防ぐために，てい防をつくるのは[③]と[④]のところがよい。

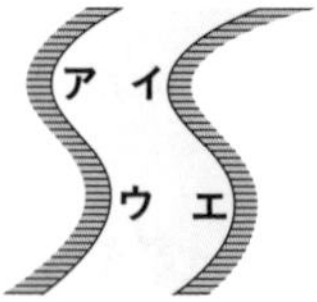

8 ①イ（ウ）
②ウ（イ）
③ア（エ）
④エ（ア）

得点アップ 流水のはたらき

◆流れる水には，しん食・運ぱん・たい積の作用がある。

26 生命と地球 流水のはたらきと土地の変化

入試重要度 ▮▮▯

月　日

問題 次の各問いに答えなさい。

川のようす

1 川の上流では，流れははやいか，おそいか。

2 川の上流で見られる石には，どのような特ちょうがあるか。

3 川の上流では，水の流れによって川岸や川底がけずられた結果，どんな地形が見られるか。

4 川が山地から平野やぼん地に移る所には，土砂がたい積した結果，どんな地形が見られるか。

5 川の下流では，流れははやいか，おそいか。

6 川の下流で見られる石には，どのような特ちょうがあるか。

7 川が海に流れこむ河口には，土砂が積もった結果，どんな地形が見られるか。

8 大雨や雪どけで水の量がふえ，川から水があふれ出す現象を何というか。

水による土地の変化

9 次の文の[　]にあてはまる語句・記号を入れよ。
右の図で，山地から出た**ア**の所には土砂が積もって[　①　]ができやすい。また，川の水が増えることで，災害が最も起こりやすい場所は[　②　]である。

---

1 はやい

解説 川の上流では，しん食作用が大きい。

2 大きくて角ばっている

3 V字谷

4 せん状地

5 おそい

解説 川の下流では，たい積作用が大きい。

6 小さくて丸い

7 三角州

8 こう水

解説 こう水を防ぐために，てい防がつくられている所が多い。

9 ①せん状地
　②エ

得点 アップ 水の流れによる土地の変化と災害

- 上流→V字谷，中流(山地から出た所)→せん状地，下流(河口)→三角州
- 水の流れによって，こう水・土石流・鉄ぽう水などの被害が生じることがある。

問題 次の各問いに答えなさい。

気圧と天気の変化

☐ **1** まわりに空気をふき出すのは高気圧, 低気圧のどちらか。

☐ **2** 高気圧で起こるのは上昇気流, 下降気流のどちらか。

☐ **3** まわりから空気が流れこむのは高気圧, 低気圧のどちらか。

☐ **4** 低気圧におおわれると, 天気は晴れるか, くもりや雨が多くなるか。

☐ **5** 日本の天気は, どちらの方角からどちらの方角へ変わっていくか。

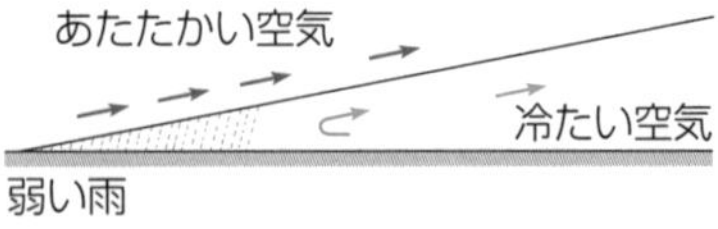

1 高気圧

解説 上空から見て右まわりに風がふき出している。

2 下降気流

3 低気圧

4 くもりや雨が多くなる

5 西から東へ

解説 日本の上空にふく偏西風の影響による。

寒冷前線と温暖前線

☐ **6** 図のように, 冷たい空気があたたかい空気の下にもぐりこんでできる前線を何というか。

A

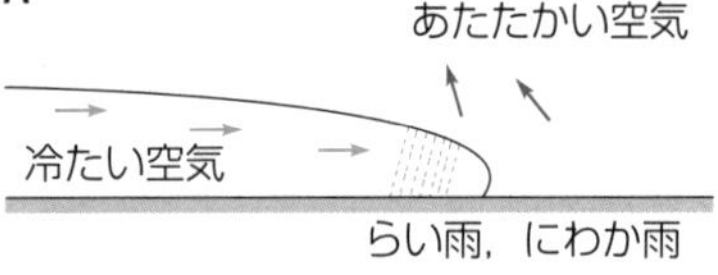

あたたかい空気

冷たい空気

らい雨, にわか雨

☐ **7** 図のように, あたたかい空気が, 冷たい空気の上にはい上がってできる前線を何というか。

B

あたたかい空気

冷たい空気

弱い雨

6 寒冷前線

7 温暖前線

得点 アップ 前線と天気

◆寒冷前線が通過するときは, らい雨やにわか雨が多い。
◆温暖前線が通過するときは, 弱い雨が長くふることが多い。

28 季節による天気の変化

問題 次の各問いに答えなさい。

社会
理科
算数
英語
国語

季節と天気

1 冬は，何という気団が発達するか。

2 冬は，どちらの方角から季節風がふくか。

3 冬の日本海側は，どのような天気か。

4 冬の太平洋側は，どのような天気か。

5 春のとう来をつげる風を何というか。

6 春の天気の特ちょうは何か。

7 6月ごろ，日本付近でぶつかり合う気団は何と何か。

8 6月ごろの，長雨が続く時期を何というか。

9 6月ごろ，日本上空に停たいする前線は何か。

10 夏は，何という気団が発達するか。

11 夏は，どちらの方角から季節風がふくか。

12 夏の終わりから秋にかけてやってきて，はげしい雨風をもたらすものは何か。

13 **12**は，最大風速が毎秒何m以上の風がふくものをいうか。

1 シベリア気団

2 北　西

3 雪がふることが多い。

4 かんそうした晴れの日が多い。

5 春一番

6 天気が変わりやすい。

7 オホーツク海気団と小笠原気団

8 梅雨(つゆ)

9 梅雨前線

10 小笠原気団

11 南　東

12 台　風

13 毎秒17.2m以上

冬と夏におおわれる気団

14 次の文の[　]にあてはまる語句を入れよ。
冬は，大陸上で[　①　]気団が発達して，太平洋側ではかわいた[　②　]の季節風がふく。

15 夏は，太平洋上で[　①　]気団が発達して，太平洋側ではしめった[　②　]の季節風がふく。

14 ①シベリア
　②北　西

15 ①小笠原
　②南　東

得点 アップ 季節と気団

◆冬はシベリア気団，春から夏にかけてオホーツク海気団，小笠原気団と勢力が変わり，天気も変化していく。

問題 次の各問いに答えなさい。

地層と岩石

1 切り通しなどで，しま模様に見える積み重なりが見られるが，これを何というか。

2 大昔の生物の死がいや動物の生活のあとが地層に残っているものを何というか。

3 地層は下にあるものほど新しいか，古いか。

4 地層が固まってできた岩石を何というか。

5 砂が固まってできた岩石を何というか。

6 どろなどの細かいつぶが固まってできた岩石を何というか。

7 海にすんでいた生物の遺がいが固まってできた岩石を何というか。2つ答えなさい。

8 マグマが固まってできた岩石を何というか。

地層のでき方

9 次の文の[　]にあてはまる語句を入れよ。

波の力などで遠くへ運ばれる。

川から海へ出た所では，最初につぶが最も大きいA[①]がしずみ，次にB[②]が，いちばん遠い所にC[③]がしずんで地層ができる。

1 地層

2 化石

3 古い

4 たい積岩

5 砂岩

6 でい岩

7 石灰岩，チャート

8 火成岩

9 ①れき

　②砂

　③どろ（ねん土）

得点 アップ 地層と岩石

◆小石や砂などが積み重なり，しま模様に見えるものを地層という。

◆岩石には，小石・砂・どろなどでできたたい積岩と，マグマでできた火成岩がある。

社会
理科
算数
英語
国語

問題 次の各問いに答えなさい。

地しんと土地の変化

1 地下深くの,地しんが発生した所を何というか。

2 大きな地しんの後に引き続いて起こる小地しん群を何というか。

3 地しんのゆれの強さを何というか。

4 **3**は何段階に分類されているか。

5 地しんの規模（きぼ）の大きさを何というか。

6 地しんが海底で起こると,そのしん動で大きな波となることがある。この波を何というか。

7 水をふくんだ地面が,ゆれることによって水のように弱くなることを何というか。

8 地しんが起こると,地面が盛（も）り上がることがある。これを何というか。

9 地しんが起こると,地面がしずみこむことがある。これを何というか。

10 次の文の[　]にあてはまる語句を入れよ。
下の図の**A**のように,地そうが横からおされて曲がったものを[①]という。図の**B**のように,地そうが引っ張られてななめにずれたものを[②]という。

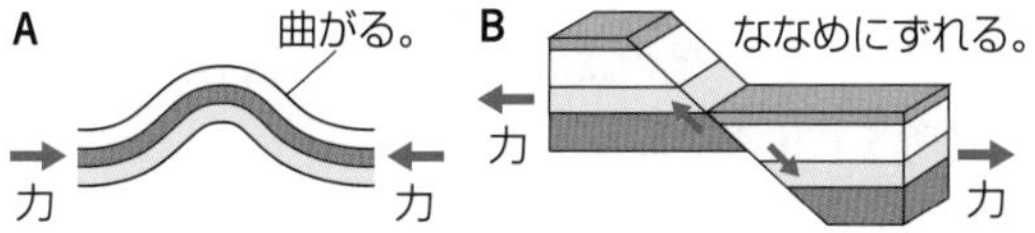

1 しん源

2 余しん

3 しん度

4 10段階

解説 0〜7で,5は5強・5弱に,6は6強・6弱に分けられる。

5 マグニチュード

6 つ波

7 液状化現象

解説 地面が弱くなることで,その上にある建物がたおれることがある。

8 りゅう起

9 ちん降

10 ①しゅう曲
　　②断　層

A　曲がる。
力→　←力

B　ななめにずれる。
→力　力→

得点 アップ 地震の原因

◆ 大地の一部のゆがみが,もとにもどろうとするとき地しんが発生する。

問題 図を見て，[　]にあてはまる語句や記号，数値を答えなさい。

1 花のつくり

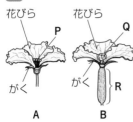

花びら　花びら

P

Q

がく　がく

R

A　B

- □(1) 左図は[ヘチマ]の花である。
- □(2) この花は，A の[お花]と B の[め花]が別々にさくので，[単性花]とよばれる。
- □(3) P は[おしべ]，Q は[めしべ]である。
- □(4) R は[しぼう]で，のちに実になるところである。

2 発芽と成長

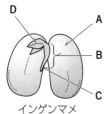

D

A

B

C

インゲンマメの種子

- □(1) 左図は，インゲンマメの種子を示している。A は[子葉]，B は[はいじく]，C は[よう根]，D は[よう芽]である。
- □(2) 発芽に必要な[養分]をたくわえているのは，A ～D のうち[A]の部分である。
- □(3) 発芽したあと，成長するためには，水のほかに[日光]，[肥料]が必要である。

3 ヒトの誕生

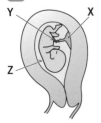

Y

X

Z

- □(1) 左図は，たい児のようすである。人のたい児が育つ場所を[子宮]という。
- □(2) X は[たいばん]，Y は[へそのお]，Z は[羊水]である。
- □(3) Y の中を流れる血液によって，母親からたい児へ[養分]や[酸素]が運ばれる。

4 太陽の動き

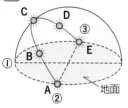

地面

□(1) 左図の **A～E** は, 太陽の１日の動きを記録したものである。①の方角は[南]である。

□(2) 太陽がのぼり始める方角は[東]で, 図の[②]である。

□(3) いちばんおそい時刻の太陽の位置は, **A～E** のうち[**E**]である。

□(4) 地面にまっすぐな棒を立てたとき, 棒のかげがいちばん短くなる太陽の位置は, **A～E** のうち[**C**]である。

5 星の動き

北極星

□(1) 左図は, 北の空の星座を時間をおいてスケッチしたものである。北極星を中心に動くこの星座を[北斗七星]という。

□(2) この星座が移動する向きは, **A**, **B** のうち[**A**]である。

□(3) この星座が, 北極星を中心に60度移動したとき, それを観察したのは, 最初に観察してから[4]時間後である。

6 流れる水のはたらき

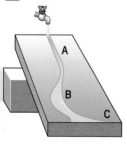

□(1) 左図で, 水の流れがはやいのは, 水の量が[多い]ときである。

□(2) 水量を変えずに水の流れをはやくするには, 台のかたむきを[大きく]する。

□(3) みぞが深いのは **A～C** のうち[**A**]である。

□(4) 土や砂が積もるのは **A～C** のうち[**C**]である。

95

31 物質とエネルギー 光の性質

入試重要度　　月　日

問題 次の各問いに答えなさい。

光の性質とレンズ

□ **1** 光は，空気中や水中など，性質の同じものの中を進むとき，どのように進むか。

□★ **2** 光が，鏡などにあたってはね返されることを何というか。

□★ **3** 光は，性質の異なるものにななめに入射(にゅうしゃ)すると，折れ曲がって進む。このことを何というか。

□ **4** 光が，空気中からガラス中・水中に入るときは，どのようにくっ折するか。

□ **5** 光が，ガラス中・水中から空気中に出るときは，どのようにくっ折するか。

□ **6** 真ん中がふくらんだレンズを何というか。

□ **7** 真ん中がくぼんだレンズを何というか。

□★ **8** とつレンズを通った日光が一点に集められる点のことを何というか。

光の反射のしかた

□ **9** 次の文の[　]にあてはまる語句を入れよ。

図のように，光が鏡にあたったとき，光は反射する。このとき，Aを[①]といい，Bを[②]という。そして，必ずAとBの角は等しくなる。

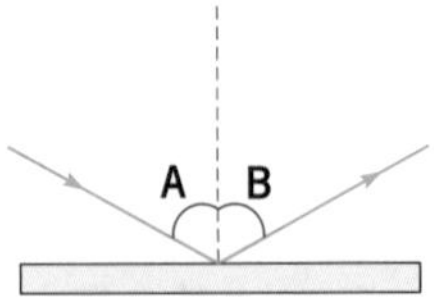

1 直進する

2 反射

3 くっ折

4 境の面から遠ざかるようにくっ折する。

5 境の面に近づくようにくっ折する。

6 とつレンズ

7 おうレンズ

8 しょう点

解説 とつレンズからしょう点までの長さを，しょう点きょりという。

9 ①入射角
②反射角

得点アップ 反射

◆光が鏡にあたると，入射角＝反射角 になるように反射する。

32 音の性質

問題 次の各問いに答えなさい。

音のさまざまな性質

1 音が出ているとき,音を出しているものはどうなっているといえるか。

2 音は,かたいものにあたるとどうなるか。

3 音が反射するとき,入射角と反射角はどのような関係があるか。

4 音の三要素とは何か。

5 モノコードで実験すると,げんが細いほど高い音が出るか,低い音が出るか。

6 げんが長いほど高い音が出るか,低い音が出るか。

7 げんのはり方が強いほど,高い音が出るか,低い音が出るか。

8 げんをはじく強さが強いと,音の大きさは大きくなるか,小さくなるか。

音を伝えるもの

9 次の文の[ ]にあてはまる語句を入れよ。

水蒸気
フラスコの中の空気を追い出す

すずをつるしたフラスコをふると音がする。フラスコ内の空気をぬくと,すずの音が[①]なる。これは,音は[②]では伝わるが[③]では伝わらないからである。

1 しん動している

2 反射する

3 等しい

4 音の高さ,音の大きさ,音色

5 高い音が出る

6 低い音が出る

7 高い音が出る

解説 げんが細く,短いほど,また,はり方が強いほど高い音が出る。

8 大きくなる

9 ①聞こえなく
②空気中
③真空中

得点 アップ 音の高低

◆ 音は,しん動数が多いほど高くなり,しん動数が少ないほど低くなる。

問題 次の各問いに答えなさい。

水と空気の体積変化

☆**1** 右のように，注射器に空気・水を入れて実験した。これについて，次の問いに答えなさい。

①　空気を入れた注射器のピストンをおすと，注射器内の空気の体積はどうなるか。

②　①でおすのをやめると，注射器内の空気の体積はどうなるか。

③　水を入れた注射器のピストンをおすと，注射器内の水の体積はどうなるか。

空気でっぽう

☐**2** 次の文の[　]にあてはまる語句を入れよ。

下の図のように，空気でっぽうの棒をおすと，つつの中の空気が[①]。すると，つつの中の空気がもとに[②]とする力で[③]は前方へおし出されて，飛んでいく。空気のかわりに水を入れると前玉は[④]。

---

1 ①小さくなる
②もとにもどる
③変化しない

解説 空気がおし縮められたり，もとにもどろうとしたりする性質を利用したものに，自転車のタイヤや空気ばねなどがある。

2 ①おし縮められる
②もどろう
③前　玉
④飛ばずに落ちる

得点 アップ 空気と水の性質

◆空気は，力を加えられることによって縮み，もとにもどろうとする性質がある。
◆水は，力を加えられても縮まない。

問題 次の各問いに答えなさい。

水の温度と変化

1 水には，固体(氷)・液体(水)・気体(水蒸気)の3つの姿がある。これを何というか。

2 水は，冷やしたり熱したりすることによって，氷・水・水蒸気と姿(状態)が変わる。これを何というか。

3 氷は何℃になると水になるか。

4 氷が水になるときの温度を何というか。

5 水は何℃になると水蒸気になるか。

6 水が水蒸気になるときの温度を何というか。

7 次の文の[　]にあてはまる語句を入れよ。
右の図で，水がふっとうしたとき，水の中から出てくる大きなあわ**A**は[　①　]である。また，**B**の部分は目には見えないが[　②　]がガラス管の中を通って外へ出ていく。ガラス管の先から少しはなれた**C**のところで白く見えるのが[　③　]で，これは[　④　]といい，気体ではなく液体である。

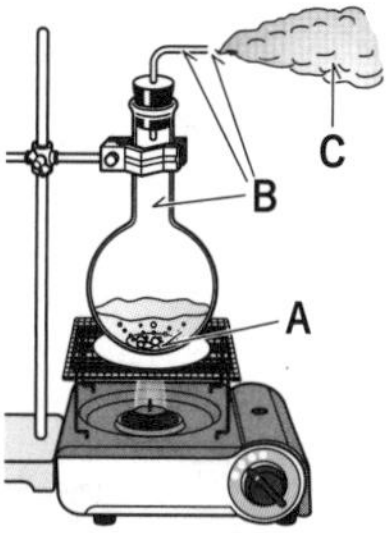

右側解答欄：

1 水の三態

2 状態変化

解説 氷の状態を固体，水の状態を液体，水蒸気の状態を気体という。

3 0℃

4 ゆう点

5 100℃

6 ふっ点

7 ①水蒸気
　②水蒸気
　③湯　気
　④水のつぶ

社会　理科　算数　英語　国語

得点 アップ 水とふっとう

◆水は0℃でこおり始め，さらに冷やしても全部こおるまで0℃より下がらない。
◆水は100℃でふっとうし始め，さらに熱しても全部水蒸気になるまで100℃より上がらない。

問題 次の各問いに答えなさい。

温度と空気・水・金属の体積

☐ **1** フラスコに空気を入れて手であたためた。ガラス管の先から出てくるあわ**A**は何か。

手であたためる
空気
A　水

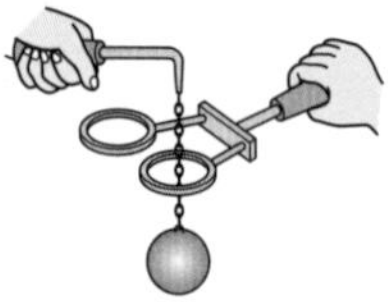

1 フラスコの中に入っていた空気

☐ **2** **1**の実験から，空気はあたためられると，どうなるといえるか。

2 体積がふえる（ぼう張する）

☐ **3** 図のように，フラスコに赤色の水を入れ，熱い湯につけた。ガラス管の赤色の水はどうなるか。

ガラス管
赤色の水
熱い湯

3 上がる

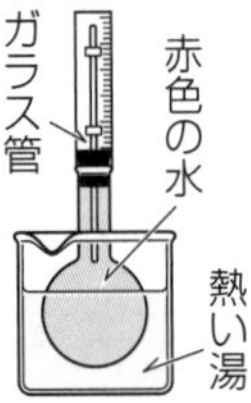

☐ **4** **3**の実験から，水はあたためられると，どうなるといえるか。

4 体積がふえる（ぼう張する）

☐ **5** 図で，熱い湯のかわりに，フラスコを氷水につけると，ガラス管の赤色の水はどうなるか。

5 下がる

☐ **6** **5**の実験から，水は冷やされると，どうなるといえるか。

6 体積が減る（収縮する）

☐ **7** 次の文の[　]にあてはまる語句を入れよ。

輪をちょうど通る金属球がある。この金属球をアルコールランプで熱すると，輪を[①]なる。これは，金属球を熱すると[②]して，[③]がふえるためである。

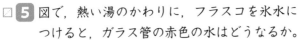

7 ①通らなく
②ぼう張
③体　積

得点 アップ 温度とものの体積

◆ 空気，水，金属などは，あたためられるとぼう張し，冷やすと収縮する。

社会 | 理科 | 算数 | 英語 | 国語

問題 次の各問いに答えなさい。

さまざまな熱の伝わり方

1 次の①～③の問いに答えよ。

図1

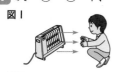

図2

サーモテープ

鉄の棒

図3

おがくず

温度計

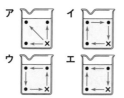

ア　イ

ウ　エ

①**図1**のような熱の伝わり方を何というか。
②**図2**のような熱の伝わり方を何というか。
③**図3**で，おがくずはどのように動くか。

ものをかたむけたときの熱の伝わり方

2 次の文の[　]にあてはまる語句・記号を入れよ。

右の図のように**A**と**B**の中点で
あたためたとき，[①]によって
熱が伝わっていくので，**A**と**B**の
熱の伝わり方は，[②]のほうが
はやい。試験管を鉄の棒に変えた
ときは，[③]によって熱が伝わっていくの
で，両はしへの熱の伝わり方は[④]である。

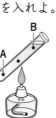

B

A

---

1 ①放射
②伝導
③ウ

解説 ①熱の放射は，直接自分のからだに熱が伝わる。
②熱の伝導は，金属を熱したとき，熱した場所からしだいに遠くに広がっていく。
③これは，熱の対流といい，空気や水はあたたまると上にあがる性質がある。

2 ①対流
②B
③伝導
④ほとんど同じ

得点 アップ 熱の伝わり方

◆熱は，伝導・対流・放射によって伝わっていく。

37 ものの重さとばねの性質

月　日

問題 次の各問いに答えなさい。

おもりの重さとばねののび，浮力

□ **1** 10gのおもりをつるすと2cmのびるばねがある。次の①〜④に答えよ。

① 20gのおもりをつるすと，ばねは何cmのびるか。

② 30gのおもりをつるすと，ばねは何cmのびるか。

③ おもりの重さと，ばねののびには，どのような関係があるか。

④ ③のような関係を何の法則というか。

□ **2** 物質の1cm³あたりの重さが水より軽いとき，水の中に入れたその物質はどうなるか。

ばねの組み合わせとばねののび方

□ **3** 右の図の[ ]にあてはまる数字を入れよ。

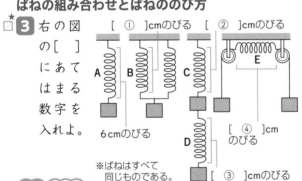

[①]cmのびる　　[②]cmのびる

A　B　C　E

6cmのびる

D　[④]cmのびる

※ばねはすべて同じものである。　[③]cmのびる

---

1 ①4cm

②6cm

③比 例

解説 おもりの重さを2倍，3倍…，にすると，ばねののびも2倍，3倍…，になる。

④フックの法則

2 水にうく

解説 水1cm³あたりの重さが1gなので，それより軽いと水にうき，重いとしずむ。

3 ①3

②12

③6

④6

得点 アップ ばねののび

◆ばねののびは，つり下げたおもりの重さに比例する。これを，フックの法則という。

問題 次の各問いに答えなさい。

ふりこの動き

1 つり下げた糸のはしからおもりの中心(重心)までの長さを何というか。

2 ふりこが1往復する時間を何というか。

3 ふりこのふれる, はしからはしまでの角度を何というか。

4 ふりこの周期は何に関係するか。

5 ふりこの長さが長いと, ふりこの周期はどうなるか。

6 次の文の[　]にあてはまる語句を入れよ。
ふりこがふれているとき, ふりこの速さが最もはやいのは, ふりこのおもりがいちばん[①]位置にきたときである。
ふりこの速さが最もおそいのは, [②]位置で, このときの速さは[③]である。

1 ふりこの長さ

2 ふりこの周期

3 ふれはば

4 ふりこの長さ

5 長くなる

6 ①低い
②はしにふりきった (はしの)
③0

ふりこの周期

7 次の文の[　]にあてはまる記号を入れよ。
右図で, 周期がいちばん長いふりこは[①]であり, 周期がいちばん短いふりこは[②]である。また, [③]と[④]は周期が等しい。

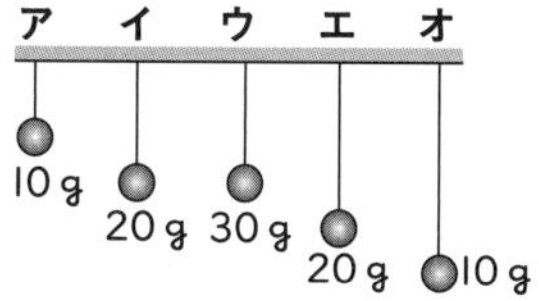

ア　イ　ウ　エ　オ
10g　20g　30g　20g　10g

7 ①オ
②ア
③イ
④ウ

得点 アップ ふりこの等時性

◆ふりこの周期は, ふりこの長さによって決まり, おもりの重さやふれはばには関係がない(ふりこの等時性という)。

問題 次の各問いに答えなさい。

ものの運動のようす

☑★ **1** 下の図のように，レール上で，**A**から鉄球をころがした。これについて，あとの問いに答えよ。ただし，空気によるていこうやまさつは考えないものとする。

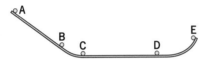

① **A**から**B**の区間では，速さはどのような変化をするか。

② **C**から**D**の区間では，速さはどのような変化をするか。

③ **C**から**D**の区間の鉄球の運動を何というか。

④ **D**から**E**の区間では，速さはどのような変化をするか。

運動の速さ

☑ **2** 下の図は，**1**の実験で**C**から**D**の区間のストロボ写真である。ストロボが0.1秒間かくで光るとき，鉄球は1秒間に何cmころがるか。

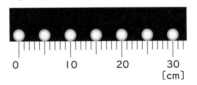

1 ①だんだん速くなる

②変化しない

解説 **C**から**D**の区間では，高さは変わらないので，同じ速さで動いていく。

③等速直線運動

④だんだんおそくなる

2 50

得点アップ 等速直線運動

◆物体が一定の速さで，直線上を移動する運動を，等速直線運動という。

104

問題 次の各問いに答えなさい。

てこのしくみと利用

1 次の文の[ ]にあてはまる語句を入れよ。

棒などをある1点で支え，他のものに作用するしくみをもつ道具を[①]という。図で，支えるAの点を[②]，力を加えるBの点を[③]，力が物体にはたらくCの点を[④]という。

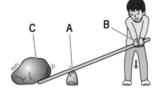

1 ①てこ

解説 てこを使うと，重いものを楽に動かすことができる。

②支点

③力点

④作用点

てこのはたらきとつりあい

2 図1で，支点と作用点のきょりを短くしてつりあうとき，力点の力は[①]くなる。一方で，力点と支点のきょりを短くしてつりあうとき，力点の力は[②]くなる。図2のてこがつりあっているとき，Aのおもりを重くすると，てこは[③]にかたむき，Bのきょりを長くすると，てこは[④]にかたむく。

2 ①小さ

②大き

③左

④右

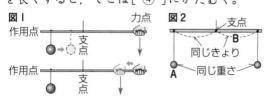

図1　作用点　力点　支点

図2　支点　B　同じきょり　A　同じ重さ

得点アップ　てこのしくみ

◆てこは，支点・力点・作用点の位置によって，はたらく力の大きさが変わる。

問題 次の各問いに答えなさい。

棒をかたむけるはたらき

☐ **1** 次の図の[　]にあてはまる語句・数字を入れよ。

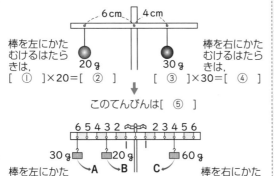

棒を左にかたむけるはたらきは，
[　①　]×20=[　②　]

棒を右にかたむけるはたらきは，
[　③　]×30=[　④　]

このてんびんは[　⑤　]

棒を左にかたむけるはたらきは，
A：6×[　⑥　]=[　⑦　]
B：3×[　⑧　]=[　⑨　]

棒を右にかたむけるはたらきは，
4×[　⑩　]=[　⑪　]

A+**B**=**C** なので，このてんびんは[　⑫　]

動かっ車のはたらき

☐ **2** 次の文の[　]にあてはまる数字を入れよ。

右図で，おもりの重さを50ｇ，動かっ車の重さを30ｇとするとき，動かっ車をつりあわせるには，ひもを[　①　]ｇの力で引き上げればよい。また，おもりを10cm持ち上げるためには，ひもを[　②　]cm引き上げなくてはならない。

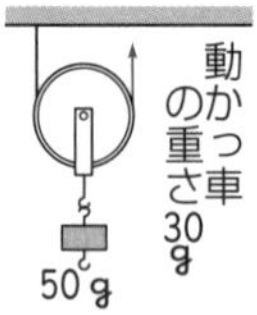

1 ①6
②120
③4
④120
⑤つりあう
⑥30
⑦180
⑧20
⑨60
⑩60
⑪240
⑫つりあう

2 ①40
②20

得点 アップ 定かっ車のはたらき

◆定かっ車は，力の大きさを変えることはできないが，力の向きを変えられる。

問題 次の各問いに答えなさい。

水よう液の性質とこさ

1 次の文の［　］にあてはまる語句・数字を入れよ。

A　ものが水にとけてできた液体を［ ① ］といい，どの部分もすきとおって，同じ［ ② ］である。

B　水よう液のこさは，いっぱんに次の式で表される。

水よう液のこさ〔%〕＝ $\dfrac{［ ③ ］の重さ}{［ ④ ］の重さ}$ ×100

たとえば，100gの水に食塩25gをとかしたときのこさは［ ⑤ ］%である。

2 右の図で，水25mLのときは，食塩が約［ ① ］gとけ，水を75mLにすると，食塩は約［ ② ］gまでとける。

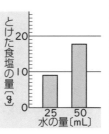

3 一定の温度のまま，水の量を2倍，3倍にすると，とけるものの量は［ ① ］倍，［ ② ］倍となる。この関係を，［ ③ ］の関係という。

4 一定の温度のまま，一定の水に対して，ものがそれ以上，とけなくなることを何というか。

5 **4**のようになった水よう液を何というか。

社会 理科 算数 英語 国語

1 A①水よう液
　　②こさ

解説 液に色がついていても，すきとおっていれば，水よう液といえる。

　B③とけているもの
　　④水よう液
　　⑤20

解説 $\dfrac{25}{100+25}$ ×100
　　＝20〔%〕

2 ①9
　　②27

3 ①2
　　②3
　　③比 例

4 ほう和

5 ほう和水よう液

得点 アップ 水にとけるものの量

◆一定温度，一定量の水にとけるものの量には限度がある。

43 もののとけ方 (2)

入試重要度

月 日

問題 次の各問いに答えなさい。

よう解度とよう解度曲線

□ **1** とけるものの量と，水の量はどのような関係か。

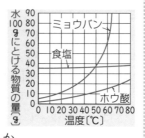

□ **2** とけるものの量は，ふつう，温度が上がるとどうなるといえるか。

□ **3** ★ 一定量の水に限度までとけた状態(ほう和)において，そのときの量を何というか。

□ **4** 水の温度が上がると，食塩がとける量はどのようになるといえるか。

□ **5** 水の温度が上がると，ホウ酸がとける量はどのようになるといえるか。

□ **6** 水の温度が 60 ℃以上になると，ミョウバンがとける量はどのようになるといえるか。

□ **7** 気体が水にとけるとき，水の温度が上がると，とける量はどのようになるか。

とかしたものをとり出す方法

□ **8** 次の文の [ ]にあてはまる語句を入れよ。
水よう液からとけたものをとり出すには，蒸発皿に入れて[①]し，水を[②]させるか，水よう液の温度を[③]ると，とけていたものが[④]として出てくる。

1 比例

2 ふえる

3 よう解度

解説 ふつう，100 g の水にとける限度の量で表す。

4 あまり変わらない

5 増える

6 急げきにふえる

解説 水酸化カルシウムのように，水の温度が上がると，とける量が減るものもある。

7 減る

解説 炭酸水は，水の温度が低いほど，二酸化炭素がよくとける。

8 ①加熱
②蒸発
③下げ
④結しょう

得点 アップ もののとけ方の性質

◆ 固体は水の温度が高いほど，気体は水の温度が低いほど，水によくとける。

社会
理科
算数
英語
国語

問題 次の各問いに答えなさい。

もののもえ方とろうそくのほのお

1 次の文の[　]にあてはまる語句を入れよ。
ものが燃えるためには，3つの条件が必要である。[①]がじゅうぶんにあること，[②]ものがあること，[③]以上の温度が保たれていることである。

2 紙や木などが燃えると，発生する気体は何か。

3 **2**で発生した気体は，何という水よう液に入れると白くにごるか。

4 スチールウール(鉄)を燃やすと，何という物質ができるか。

5 スチールウール(鉄)が燃えると，重さはどうなるか。

6 次の文の[　]にあてはまる語句を入れよ。
右のろうそくのほのおで，**A**を[①]，**B**を[②]，**C**を[③]という。最も温度が高いのは外えんである。

A
B
C

割りばしのむし焼き

7 次の文の[　]にあてはまる語句を入れよ。
割りばしを試験管に入れて熱すると，[①]というけむりが出てくる。また，[②]や[③]という液体が試験管にたまり，割りばしは[④]になって残る。

1 ①酸素(空気)
　②燃える
　③発火点

解説 空気中で，自然にものが発火するための最低温度を発火点という。

2 二酸化炭素

3 石灰水(せっかいすい)

4 酸化鉄

解説 金属を燃やしても二酸化炭素は発生しない。

5 重くなる

解説 鉄が酸素と結びつくために重くなる。

6 ①外えん
　②内えん
　③えん心

7 ①木ガス
　②木タール
　③木酢液(もくさくえき)
　④木炭

※②③は順番がちがっていても可

得点 アップ ものが燃えるための条件

◆酸素があること，燃えるものがあること，発火点以上の温度になること。

問題 次の各問いに答えなさい。

気体のつくり方と性質

☐ ★**1** 酸素は，二酸化マンガンに何を加えたら発生するか。

☐ **2** 酸素は，何という方法で集めるか。

☐ **3** 酸素は，水にとけやすいか，とけにくいか。

☐ **4** 酸素は，空気より重いか，軽いか。

☐ **5** 酸素は，においや色があるか，ないか。

☐ ★**6** 二酸化炭素は，石灰石に何を加えたら発生するか。

☐ **7** 二酸化炭素は，何という方法で集めるか。

☐ **8** 二酸化炭素は，水にどの程度とけるか。

☐ **9** 二酸化炭素は，空気より重いか，軽いか。

☐ **10** 二酸化炭素は，においや色があるか，ないか。

☐ ★**11** 水素は，あえんやマグネシウムに何を加えたら発生するか。

☐ **12** 水素は，何という方法で集めるか。

☐ **13** 水素と空気が混ざり合った気体に火をつけると，どうなるか。

アンモニアのつくり方と性質

☐ **14** 次の文の[　]にあてはまる語句を入れよ。
　アンモニアは，こいアンモニア水を加熱してつくる。空気より[　①　]く，水に非常によく[　②　]ので[　③　]で集める。アンモニアには，特有の[　④　]がある。

1 うすい過酸化水素水（オキシドール）

2 水上置かん〔法〕

3 とけにくい

4 少し重い

5 な　い

6 うすい塩酸

7 下方置かん〔法〕〔または水上置かん〔法〕〕

8 少しとける

9 重　い

10 な　い

11 うすい塩酸

12 水上置かん〔法〕

13 ポッと音をたてて燃える

14 ①軽
②とける
③上方置かん〔法〕
④刺激臭（しげきしゅう）

得点 アップ 酸素の性質

◆酸素そのものは燃えないが，ものを燃やすはたらきがある。

問題 次の各問いに答えなさい。

水よう液の種類と性質

1 次の文の[　]にあてはまる語句を入れよ。

水よう液には，食塩水やホウ酸水のように[①]がとけているもの，すやアルコールなど[②]がとけているもの，アンモニア水や炭酸水など[③]がとけているものがある。

2 青色のリトマス紙を赤色に変えるのは何性か。

3 赤色のリトマス紙を青色に変えるのは何性か。

4 BTB液は，酸性では何色を示すか。

5 BTB液は，中性では何色を示すか。

6 BTB液は，アルカリ性では何色を示すか。

7 フェノールフタレイン液は，アルカリ性では何色を示すか。

8 塩酸，ホウ酸，炭酸水などは何性か。

9 アンモニア水，石灰水（せっかいすい）などは何性か。

10 塩酸やアンモニア水はどんなにおいがするか。

11 炭酸水を加熱して，出てきた気体を石灰水に通すと，どうなるか。

水を蒸発（じょうはつ）させたときのようす

12 気体がとけている水よう液を蒸発皿にとり，水を蒸発させると，どうなるか。

13 固体がとけている水よう液を蒸発皿にとり，水を蒸発させると，どうなるか。

1 ①固　体
　　②液　体
　　③気　体

2 酸　性

3 アルカリ性

4 黄　色

5 緑　色

6 青　色

7 赤　色

解説 フェノールフタレイン液は，酸性・中性では無色のままである。

8 酸　性

9 アルカリ性

10 刺激臭（しげきしゅう）

11 白くにごる

12 何も残らない

13 固体が残る

得点 アップ BTB液の色の変化

◆ BTB液は，酸性で黄色，中性で緑色，アルカリ性で青色を示す。

問題 次の各問いに答えなさい。

水よう液の反応

☐★**1** 酸性の水よう液とアルカリ性の水よう液を混ぜ合わせると，何という反応が起こるか。

☐**2** 水酸化ナトリウム水よう液は何性か。

☐**3** 塩酸と水酸化ナトリウム水よう液が中和すると何ができるか。

☐**4** 炭酸水と石灰水が中和すると何ができるか。

☐★**5** 中和でできる，**3**や**4**の水以外の物質を何とよぶか。

☐**6** 塩酸に入れると，水素を出してとける金属は何か。

☐**7** 水酸化ナトリウム水よう液に入れると，水素を出してとける金属は何か。

中和の反応

☐**8** 次の文の[　]にあてはまる語句を入れよ。

酸性の水よう液とアルカリ性の水よう液のこさが同じとき，酸性の水よう液のほうがアルカリ性の水よう液より多い場合，混ぜ合わせたあとの**A**は[　①　]性を示す。また，アルカリ性の水よう液のほうが酸性の水よう液より多い場合，混ぜ合わせたあと[　②　]性を示す。

---

1 中和

2 アルカリ性

3 食塩(塩化ナトリウム)，水

4 炭酸カルシウム，水

解説 中和が起こると，必ず水ができる。

5 塩

解説 塩は「えん」と読む。

6 アルミニウム，あえん，鉄

7 アルミニウム，あえん

8 ①酸
②アルカリ

得点 アップ 中和，金属との反応

◆酸性の水よう液とアルカリ性の水よう液を混ぜると中和が起こる。
◆アルミニウム，あえんは，酸性・アルカリ性の両方の水よう液にとける。

社会　理科　算数　英語　国語

問題 次の各問いに答えなさい。

回路と回路図

1 右の図のように、かん電池の＋極を出て、ー極にかえる電気の通り道を何というか。

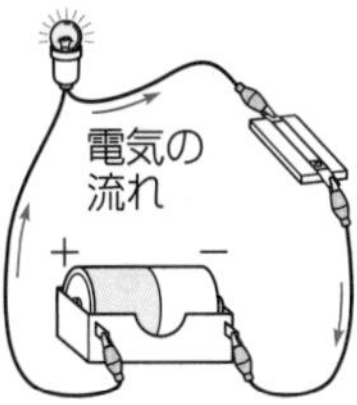

電気の流れ

2 電気の流れを何というか。

3 電気を通すものを何というか。

4 ビニールは、電気を通すか、通さないか。

5 電気を通さないものを何というか。

6 回路は、記号を使って簡単な図として表すことができる。このような図を何というか。

7 かん電池の＋極とー極を逆につなぐと、モーターの回り方はどうなるか。

電流の流れない回路

8 次の文の[　]にあてはまる記号・語句を入れよ。
下の図で、ソケットを使わない豆電球に明かりがつくのは[　①　]と[　②　]である。電流を流すためには、かん電池の[　③　]極から[　④　]極へ正しくつなげなければならない。

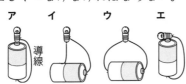

ア　イ　ウ　エ
導線

---

1 回路

2 電流

3 導体

4 通さない

5 不導体（絶えん体）

解説 えん筆のしんは、電気を通す。

6 回路図

解説 回路図で使う記号を、電気用図記号という。

7 逆になる

8 ①ア
②エ
③＋
④ー

得点アップ 電気の通り道

◆電流が＋極から出て、ー極へかえる道を回路という。

問題 次の各問いに答えなさい。

かん電池の直列つなぎと並列つなぎ

☐ **1** 回路内を流れる電流の大きさをはかる装置には，どのようなものがあるか。

☆☐ **2** 次の図について，あとの問いに答えなさい。

A

B

① 　Aのように，かん電池とかん電池を一直線上につなぐつなぎ方を何というか。

② 　かん電池１個のときに比べ，Aの豆電球の明るさはどうなるか。

③ 　Bのように，かん電池の＋極どうし，－極どうしをつなぎ，たがいに平行になるようにならべるつなぎ方を何というか。

④ 　かん電池１個のときに比べ，Bの豆電球の明るさはどうなるか。

豆電球の直列つなぎと並列つなぎ

☐ **3** 豆電球を２個直列につなげると，明るさは豆電球１個のときと比べてどうなるか。

☐ **4** 豆電球を２個並列につなげると，明るさは豆電球１個のときと比べてどうなるか。

1 検流計，電流計

2 ①直列つなぎ

②明るくなる

解説 直列つなぎにすると，電流が多く流れる。

③並列つなぎ

④ほぼ変わらない

解説 並列つなぎにしても，流れる電流はほぼ変わらない。

3 暗くなる

4 変わらない

得点 アップ かん電池のつなぎ方と明るさ

◆かん電池をつなぐとき，直列つなぎのほうが並列つなぎより豆電球は明るくなる。

問題 次の各問いに答えなさい。

磁石と電磁石の性質

1 磁石につく金属には, どのようなものがあるか。

2 銅やアルミニウムは磁石につくか。

3 次の文の[ ]にあてはまる語句を入れよ。
磁石のN極とN極, S極とS極は[①]合うが, N極とS極は[②]合う。

4 図のように, 発ぽうポリスチレンに棒磁石をのせ水にうかべたとき, ①と②は何極か。

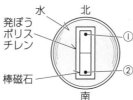

水　北
発ぽうポリスチレン
①
②
棒磁石
南

5 右の図のような磁石の性質を利用した道具として, 何があるか。

6 導線を同じ向きに何回も巻いた[①]の中に, くぎなどの[②]を入れたものが[③]である。[③]は, [④]を流したときだけ磁石になり, [⑤]と[⑥]を自由に変えられる。

7 右の図のようにのばしたクリップに, 磁石のN極を同じ向きに何度もこすりつけると, クリップは[①]の性質をもつようになり, Aの部分は[②]極になる。

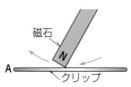

磁石
N
A
クリップ

1 鉄, ニッケル, コバルトなど

2 つかない

解説 木や布, プラスチックなども磁石につかない。

3 ①しりぞけ
②引きつけ

4 ①N 極
②S 極

5 方位磁針

6 ①コイル
②鉄しん
③電磁石
④電 流
⑤極(強さ)
⑥強さ(極)

7 ①磁石
②S

得点 アップ 磁石の性質

◆磁石は, 同じ極どうしはしりぞけ合い, ちがう極どうしは引きつけ合う。

問題 次の各問いに答えなさい。

電磁石の性質

☐ **1** 次の文の[　]にあてはまる語句を入れよ。

電流の流れる導線のまわりには磁力がはたらき，[①]ができる。電流が大きいほど磁力は[②]く，電流の向きを変えると電磁石の磁力の向きが[③]。

1 ①磁界
②強
③変わる

☐ **2** 磁力のようすを線で表したものを何というか。

2 磁力線

☐ **3** **2**の向きは，電流が流れ出すほうから見てどちらまわりに生じるか。

3 右回り

解説 右ねじを回す向きと，ねじの進む向きにたとえることができる。

☐ **4** 右手をコイルにそわせ，指先を電流の流れる向きに向けたとき，親指の向きが[①]極である（**A**）。

右手の指先
（電流の向き）

電流

右ねじを回す向き
（電流の向き）

電流の流れる向きにねじを[②]回りに回すと[③]の進む向きが[④]極になる（**B**）。

電磁石のコイルに太い[⑤]を入れたり，電流を[⑥]するほど，コイルの巻き数が[⑦]ほど，磁力は強くなる。

4 ①N
②右
③ねじ
④N

解説 導線を巻く向き，電流の向きにより，電磁石の極が入れかわる。

⑤鉄しん
⑥大きい
⑦多い

得点 アップ　モーター

◆モーターは，永久磁石と電磁石との間にはたらく力で回り続ける。

社会

理科

算数

英語

国語

問題 次の各問いに答えなさい。

蓄電器（コンデンサー）

1 電気をつくり出すことを何というか。

2 電気をためることを何というか。

3 電気をためておく装置を何というか。

4 3 では，電気のどんな性質を利用して電気を
ためるか。

5 次の文の[　]にあてはまる語句を入れよ。

蓄電器に豆電球をつなぐと，蓄電器にたまっ
た電気の量が[　①　]ほど，豆電球は長い間点
灯する。電気をつくり出すこととためること
の両方ができ，くり返し使用できる電池が
[　②　]である。自動車の電源として利用され
ているものに[　③　]がある。

6 蓄電器（コンデンサー）には，＋極・ー極があ
るか。

手回し発電機

7 右の図で，ハンドル
をはやく回すと，電
流は[　①　]なる。ま
た，ハンドルを逆に
回すと流れる電流の
向きは[　②　]になる。

手回し発電機

ハンドル

1 発 電

2 蓄 電

3 蓄電器（コンデ
ンサー）

4 プラス（＋）とマイ
ナス（ー）電気が
引き合う性質

5 ①多 い
②充電式電池
（充電池・
二次電池）

解説 ノートパソコンや
けい帯電話などに広く使
われている。
③鉛蓄電池

6 あ る

7 ①大きく
②逆

得点 アップ 蓄電池（コンデンサー）のはたらき

◆電気をためたり，ためた電気をとり出したりすることができる。

問題 次の各問いに答えなさい。

電気の移り変わりと電熱線

☆**1** 電気は、電気器具を使って、どのような姿に変えることができるか。

☐**2** 発光ダイオードは、電気を何に変えるものか。

☐**3** 電子オルゴール、スピーカーなどは、電気を何に変えるものか。

☐**4** 電熱線、エアコンなどは、電気を何に変えるものか。

☐**5** モーターは、電気を何に変えるものか。

☐**6** 次の文の［　］にあてはまる語句・記号を入れよ。
光電池は［ ① ］を電気に、マイクは［ ② ］を電気に、手回し発電機は［ ③ ］を電気に変えるはたらきをもっている。

電熱線に発生する熱は、流れる電流の大きさに［ ④ ］する。
電熱線は太さが［ ⑤ ］ほど、長さが［ ⑥ ］ほど発熱量は大きい。

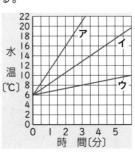

電熱線によってあたためられた水温と電流を流した時間を表した上のグラフで、電流の大きさが最も大きいのは［ ⑦ ］である。

1 光，音，熱など

2 光

3 音

4 熱

5 動力（ものを動かす力）

6 ①光
②音
③動力

解説 火力発電は、熱を動力→電気と変えている。

④比例
⑤太い
⑥短い
⑦ア

得点 アップ 電熱線で発熱する熱を多くする方法

◆電流を大きくする。電熱線は太く短いものにする。電流を流す時間を長くする。

問題 次の各問いに答えなさい。

光電池とその性質

1 光電池は，何のエネルギーを何に変える装置であるといえるか。

2 光電池は，光が強くあたると，電流はどうなるか。

3 光電池は，光のあたる部分の面積が大きいほど，電流はどうなるか。

4 光電池は，光が光電池にどのような角度であたった場合に電流が大きく流れるか。

5 光電池には，かん電池と比べると，どのような利点があるといえるか。

6 光電池は，日光だけでなく，電灯やけい光灯の光でも電気をつくることができるか。

7 光電池には，かん電池と同じように，＋極と－極があるか，ないか。

8 光電池は，火力発電と比べると，どのような利点があるといえるか。

発光ダイオード

9 次の文の[ ]にあてはまる語句を入れよ。

発光ダイオードは，[①]極（長いあしのほう）から[②]極（短いあしのほう）に電流が流れたときだけ明かりがつく。その逆方向に電流が流れると，明かりは[③]。

社会

理科

算数

英語

国語

---

1 光エネルギーを電気エネルギーに変える装置

2 大きくなる

3 大きくなる

4 直 角

解説 光がななめにあたると，受ける光の量が少なくなる。

5 光さえあれば，長い間使えること。

6 できる

7 ある

8 空気をよごさない

解説 ごみやはい気ガスを出さない。

9 ①＋
　②－
　③つかない

得点 アップ 光電池のはたらき

◆光の強さ，光があたる部分の面積，光の角度によって電流の大きさが変わる。

問題 図を見て，[　]にあてはまる語句や記号，数値を答えなさい。

1 光ととつレンズ

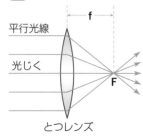

平行光線

光じく

F

とつレンズ

f

□(1) とつレンズに平行光線をあてたとき，点F を[しょう点]，f を[しょう点きょり]という。

□(2) 太陽の光が集まったFのところに黒い紙を置くと，紙は[燃え]出す。

□(3) レンズの厚さが厚いほどfの長さは[短く]なる。

2 ものの燃え方

A　　B

空気　　XとY

□(1) Bで，酸素を発生させるために，黒い粉まつX[二酸化マンガン]と，とう明な液体Y[うすい過酸化水素水(オキシドール)]を入れた。

□(2) しばらく置くと，[A]のびんの中のろうそくが先に消えた。

□(3) ろうそくが消えたあとのAのびんの中に[石灰水]を入れてふると白くにごった。

3 水溶液の性質

うすい塩酸

□(1) 図のようにうすい塩酸を蒸発皿にとり，水を蒸発させると[何も残らない]。

□(2) かわりに，ホウ酸水を蒸発皿にとり，水を蒸発させると[ホウ酸]が残る。

□(3) [気体]がとけた水よう液は水を蒸発させても何も残らず，[固体]がとけた水よう液は，とけている固体が残る。

4 かっ車のつりあい

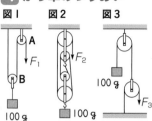

図I　図2　図3

□(1) 図IのAを[定かっ車]，Bを[動かっ車]という。

□(2) 図Iでおもりを2m引き上げるためには，ひもを[4]m引き下げる必要がある。

□(3) 図Iでつりあう力F_1は[50]g，図2でつりあう力F_2は[25]g，図3でつりあう力F_3は[50]gである。

5 もののとけ方と温度

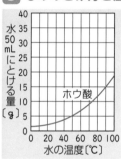

□(1) ものが[よう解度]までとけている水よう液を[ほう和水よう液]という。

□(2) ものが固体のとき，ふつう，水の温度が上がると，よう解度は[大きくなる]。

□(3) グラフから，90℃の水50 mLにホウ酸は[15]gまでとけることがわかる。

□(4) (3)の水よう液を50℃に冷やすと[10]gの結晶が出てくる。

6 電磁石の性質

①
100回巻き

②
200回巻き

③
200回巻き

④
200回巻き

□(1) コイルの中に鉄しんなどを入れた磁石を[電磁石]という。

□(2) ①で，くぎの頭の部分は[N]極である。

□(3) ①で，かん電池の向きを変えると，くぎの頭の部分は[S]極になる。

□(4) 磁石の力が最も強いのは，①～④のうち[③]である。

□(5) ②と④では磁石の力は[同じ]である。

121

1 数と計算 数 の 計 算

問題 次の計算をしなさい。

得点 アップ 計算の順序

◆ ×，÷は，＋，－より先に計算する。
◆ かっこがあるときは，かっこの中を先に計算する。
（かっこは，（ ）→{ }→〔 〕の順に計算する。）

□ **1** $48 - 12 \times 15 \div 9 - 6$

□ **2** $5 \times \{20 - (8 + 3 \times 4) \div 2\}$

1 22

2 50

得点 アップ 分数の乗除

◆ かけ算とわり算の混じった計算では，わり算をかけ算になおして計算する。

□ **3** $\dfrac{4}{5} \times \dfrac{3}{8} \div \dfrac{9}{10}$

□ **4** $\dfrac{9}{35} \div \dfrac{1}{6} \div 1\dfrac{5}{7}$

□ **5** $\dfrac{5}{33} \times 1\dfrac{4}{7} \times 2\dfrac{1}{10} \div \dfrac{2}{3}$

3 $\dfrac{1}{3}$

4 $\dfrac{9}{10}$

5 $\dfrac{3}{4}$

得点 アップ 分数と小数の混合算

◆ 分数と小数の混じった計算では，分数か小数のどちらかになおして計算する。

□ **6** $1.75 + \dfrac{5}{2} - \dfrac{5}{6} \times 3 \div \dfrac{5}{8}$

□ **7** $5 + 2\dfrac{4}{5} \div 2 - 7.2 \div 6$

□ **8** $18 \times \dfrac{2}{3} \div \dfrac{4}{5} - 5.1 \div 3.4 \times 3$

6 $\dfrac{1}{4}$ (0.25)

7 $5.2\left(\dfrac{26}{5}, 5\dfrac{1}{5}\right)$

解説 小数になおして計算すると，
$5 + 2.8 \div 2 - 7.2 \div 6$
$= 5 + 1.4 - 1.2 = 5.2$

8 $\dfrac{21}{2}\left(10\dfrac{1}{2}, 10.5\right)$

2 数と計算 計算のくふう

入試重要度 ■■

月 日

問題 次の計算をしなさい。

得点 アップ 計算のきまり

♦ $a+b=b+a$, $a×b=b×a$ (交換法則)

♦ $(a+b)+c=a+(b+c)$, $(a×b)×c=a×(b×c)$ (結合法則)

♦ $(a+b)×c=a×c+b×c$ (分配法則)

1 $25×12+125×8$

1 1300

2 $2.4×9-2.4×2-4.8×3$

2 2.4

3 $3.9×7.4+39×0.26$

3 39

得点 アップ 同じ数ずつ増える数の和

♦ (最初の数+最後の数)×数の個数÷2 で求める。

例 $1+2+3+\cdots\cdots+10=(1+10)×10÷2=55$

4 $1+3+5+7+9+11+13+15$

4 64

5 $31+32+33+34+35+36+37+38+39+40$

5 355

解説 $(31+40)×10÷2$
$=355$

得点 アップ 2つの分数に分ける

♦ 1つの分数を2つの分数の差に分けて，計算をくふうする。

例 $\dfrac{1}{30}=\dfrac{1}{5×6}=\dfrac{1}{5}-\dfrac{1}{6}$ (分母が連続する整数)

$\dfrac{2}{35}=\dfrac{2}{5×7}=\dfrac{1}{5}-\dfrac{1}{7}$ (分母の差が2の整数)

6 $\dfrac{1}{12×13}+\dfrac{1}{13×14}$

6 $\dfrac{1}{84}$

解説 $\dfrac{1}{12}-\dfrac{1}{13}+\dfrac{1}{13}-\dfrac{1}{14}$
$=\dfrac{1}{12}-\dfrac{1}{14}=\dfrac{2}{12×14}=\dfrac{1}{84}$

7 $\dfrac{2}{6×8}+\dfrac{2}{8×10}+\dfrac{2}{10×12}$

7 $\dfrac{1}{12}$

8 $\dfrac{1}{12}+\dfrac{1}{20}+\dfrac{1}{30}+\dfrac{1}{42}$

8 $\dfrac{4}{21}$

問題 次の各問いに答えなさい。

得点 アップ x の値の求め方

◆ わからない数 x は逆算の考えを利用して求める。

次の式の x の値を求めなさい。

☐ **1** $(x-6) \times 3 + 4 = 10$

☐ **2** $29 - 4 \times (x-3) = 17$

☐ **3** $(x+3) \div 0.4 = 8$

☐ **4** $0.8 \div 0.16 \times x = 1$

☐ **5** $\left(\dfrac{1}{2} + \dfrac{2}{5}\right) \times \left(x - \dfrac{1}{3}\right) = \dfrac{3}{4}$

1 8

2 6

3 0.2

4 $0.2\left(\dfrac{1}{5}\right)$

5 $\dfrac{7}{6}\left(1\dfrac{1}{6}\right)$

得点 アップ いろいろな単位

◆ 長さ　1km = 1000m, 1m = 100cm, 1cm = 10mm

◆ 面積　1km² = 100ha, 1ha = 100a, 1a = 100m², 1m² = 10000cm²

◆ 体積　1kL = 1000L = 1m³, 1L = 10dL = 1000mL = 1000cm³

◆ 重さ　1t = 1000kg, 1kg = 1000g

◆ 時間　1日 = 24時間, 1時間 = 60分, 1分 = 60秒

次の ☐ にあてはまる数（**13** は分数）を求めなさい。

☐ **6** $2m = $ ☐ mm

☐ **7** $0.25km + 45m + 350cm = $ ☐ m

☐ **8** $650m^2 = $ ☐ ha

☐ **9** $12m^2 = $ ☐ cm^2

☐ **10** $0.3L = $ ☐ cm^3

☐ **11** $7500cm^3 = $ ☐ m^3

☐ **12** $\dfrac{1}{8}kg = $ ☐ g

☐ **13** 8 分 $= $ ☐ 時間

6 2000

7 298.5

8 0.065

9 120000

10 300

11 0.0075

12 125

13 $\dfrac{2}{15}$

数と計算

4 整数の性質

入試重要度 ▮▮▮

月　日

社会　理科　算数　英語　国語

問題 次の各問いに答えなさい。

得点 アップ 約数と公約数，素数

◆公約数は最大公約数の約数をさがせばよい。
◆素数は1とその数以外には約数がない整数。(1は素数ではない。)
　例　2，3，5，7，11，……

1 18の約数の和はいくつですか。

2 65と113のどちらをわっても1余る整数で，最も大きい整数を求めなさい。

3 1から30までの整数で，素数は何個ありますか。

4 60個の消しゴムと105本の鉛筆をできるだけ多くの人に，余りが出ないように同じ数ずつ分けるとき，何人に分けられますか。

5 和が19，積が60となる2つの整数を求めなさい。

得点 アップ 倍数と公倍数，倍数の個数

◆公倍数は最小公倍数の倍数になっている。
◆1から100までの中の a の倍数の個数は $100 \div a$ の商になる。
　例　2の倍数…$100 \div 2 = 50$(個)，6の倍数…$100 \div 6 = 16$ 余り4で16個

6 1から100までの整数のうち，4の倍数か5の倍数になっている数は何個ありますか。

7 3つの方向へ行くバスが，それぞれ6分おき，4分おき，9分おきに発車します。午前9時にこれらのバスが同時に発車するとき，10時から11時の間に3台のバスが同時に発車する時刻を求めなさい。

8 6でわると2余り，7でわると3余る整数のうち，最も小さい整数を求めなさい。

1 39

2 16

解説　$65 - 1 = 64$
$113 - 1 = 112$
64と112の最大公約数は16

3 10個

4 15人

5 4と15

6 40個

解説　4の倍数は25個，5の倍数は20個，そのうち4と5の最小公倍数である20の倍数5個は重なっているから，$25 + 20 - 5 = 40$(個)

7 10時12分
　　 10時48分

8 38

解説　$6 - 2 = 4$，$7 - 3 = 4$より，6と7の最小公倍数から4をひく。

問題 次の各問いに答えなさい。

得点 アップ 平均・のべ

◆ 平均＝合計÷個数，合計＝平均×個数
◆ のべの仕事量(日数)＝日数×人数

☐ **1** 重さが 275g, 302g, 280g, 290g, 273g である 5 個のりんごがあります。1 個平均何 g ですか。

☐ **2** 男子 16 人の体重の平均は 39kg，女子 20 人の平均は 35.4kg です。全員の平均は何 kg ですか。

☐ **3** 国語のテストを 5 回受けたら，4 回までの点数は 80 点，82 点，95 点，88 点でした。5 回分の平均が 87 点のとき，5 回目は何点でしたか。

☐ **4** 6 人で働くと 12 日かかる仕事を，9 人で働くと何日でできますか。

得点 アップ 単位量あたりの大きさ，人口密度

◆ 単位面積あたりのこみぐあい ➡ 人や植物などの数÷面積
◆ 1km² あたりの人口を人口密度という。

☐ **5** 1.5L の重さが 2.1kg であるとき，1L の重さは何 kg ですか。

☐ **6** A 市，B 市で人口密度が高いのはどちらですか。

	面積(k㎡)	人口(人)
A市	90	79200
B市	120	108000

☐ **7** 360g で 522 円の肉は，1073 円では何 g ですか。

☐ **8** 5m の重さが 60g で，100g あたりの値段が 150 円の品物があります。この品物の 1m あたりの金額を求めなさい。

1 284g

2 37kg

3 90 点

解説 合計＝平均×個数だから，
87×5−(80+82+95+88)=90(点)

4 8 日

解説 のべの仕事量は同じだから，
12×6÷9=8(日)

5 1.4kg

6 B 市

7 740g

解説 1g あたりの値段を求める。
522÷360=1.45(円)
1073÷1.45=740(g)

8 18 円

解説 60÷5=12(g)
150÷100=1.5(円)
1.5×12=18(円)

6 数量の関係 割 合 (1)

入試重要度 ■■■

月　日

問題 次の各問いに答えなさい。

得点 アップ　割合

◆ 割合 ➡ 比べる量がもとにする量のどれだけにあたるかを表したもの。
◆ 割合＝比べる量÷もとにする量　　比べる量＝もとにする量×割合
　もとにする量＝比べる量÷割合

1 24m² の面積をもとにしたときの, 6m² の割合を小数と分数で答えなさい。

2 所持金 1200 円の 0.35 倍の値段の本を買って, 残りを貯金したとき, 何円貯金できましたか。

3 ある本の全体の $\frac{1}{7}$ のページを読みました。あと 72 ページ残っていたとき, 本全体のページ数を求めなさい。

1 $0.25, \frac{1}{4}$

2 780 円
解説 1200×0.35
＝420(円)
1200－420＝780(円)

3 84 ページ
解説 $72÷\left(1-\frac{1}{7}\right)$
＝84(ページ)

得点 アップ　百分率・歩合

◆ 百分率　1 ➡ 100%, 0.1 ➡ 10%, 0.01 ➡ 1%
◆ 歩合　0.1 ➡ 1割, 0.01 ➡ 1分, 0.001 ➡ 1厘

4 図書室にある本 1500 さつのうち, 図かんが 45 さつあります。図かんは全体の何%ですか。

5 420m は 350m の何%にあたりますか。

6 1 年生が 108 人, 2 年生が全体の 31%, 3 年生が全体の 33%いる中学校の生徒数は何人ですか。

7 980 円の 7 割 5 分にあたる値段は, 2500 円の何%にあたりますか。

8 円グラフで, 85%を示すおうぎ形の中心角は何度になりますか。

4 3%

5 120%

6 300 人
解説 100－31－33
＝36(%)
108÷0.36＝300(人)

7 29.4%
解説 980×0.75＝735(円)
735÷2500＝0.294

8 306°
解説 もとにする量は, 360 度だから,
360×0.85＝306(度)

入試重要度 ▮▮▮

月　日

問題 次の各問いに答えなさい。

得点 **アップ** 損　益

◆ 定価＝仕入れ値×（1＋利益率）
◆ 売り値＝定価×（1－割引率）
◆ 利益＝売り値－仕入れ値　（仕入れ値を原価ともいう。）

□ **1** 原価 3200 円の品物に 15% の利益をつけて売ると何円になりますか。

□ **2** 定価 450 円の品物を 3 割引で売ると何円になりますか。

□ **3** 2600 円で仕入れ，40% の利益をみこんで定価をつけた後，何%か割引きして売った売り値が 3458 円でした。何% 割引きましたか。

得点 **アップ** 食塩水のこさ（のう度）

◆ 食塩水のこさ（%）＝食塩の重さ÷食塩水の重さ×100
◆ 食塩水の重さ＝水の重さ＋食塩の重さ

□ **4** 140g の水に 20g の食塩をとかすと，食塩水のこさは何%ですか。

□ **5** 8% の食塩水をつくります。食塩が 40g あるとき，水は何 g いりますか。

□ **6** 5% の食塩水 240g に水を何 g 入れると，4% の食塩水になりますか。

□ **7** 7% の食塩水が 180g あります。10% の食塩水にしたいとき，何 g の食塩を加えますか。

1 3680 円
解説　3200×（1＋0.15）
＝3680（円）

2 315 円
解説　450×（1－0.3）
＝315（円）

3 5%
解説　2600×（1＋0.4）
＝3640（円）
3640－3458＝182（円）
182÷3640＝0.05

4 12.5%

5 460g

6 60g
解説　食塩の重さは，
240×0.05＝12（g）
12÷0.04－240＝60（g）

7 6g
解説　水の重さは，
180×（1－0.07）＝167.4（g）
10%の食塩水の重さは，167.4
÷（1－0.1）＝186（g）加える食
塩の重さは，186－180＝6（g）

問題 次の各問いに答えなさい。

社会

理科

算数

英語

国語

得点 アップ 比の性質

◆ $a:b$ の a と b に同じ数をかけても，同じ数でわっても，比は等しい。

例　$0.8:\dfrac{3}{8}=\dfrac{4}{5}:\dfrac{3}{8}=\left(\dfrac{4}{5}\times40\right):\left(\dfrac{3}{8}\times40\right)=32:15$

◆ 比をそれと等しい比で，できるだけ小さい整数の比になおすことを，「比を簡単にする」という。

1 $0.14:\dfrac{7}{20}$ を最も簡単な整数の比で表しなさい。

2 1時間2分45秒：20分55秒 を最も簡単な整数の比で表しなさい。

1　2：5

2　3：1
解説　1時間2分45秒
=3765秒
20分55秒=1255秒
3765：1255＝3：1

得点 アップ 比例式

◆ $a:b=c:d$ のとき，$a\times d=b\times c$ が成り立つ。

次の□にあてはまる数を求めなさい。

3 $6:10=1\dfrac{2}{3}:\square$

4 $15:1.8=2.5:\square$

3　$\dfrac{25}{9}\left(2\dfrac{7}{9}\right)$

4　0.3
解説　$15\times\square=1.8\times2.5$
$\square=1.8\times2.5\div15=0.3$

得点 アップ 比例配分

◆ ある数量を $a:b$ に比例配分するとき，a にあたる数量＝ある数量×$\dfrac{a}{a+b}$

5 2560円の本をA，B，Cの3人で，金額の比が4：5：7になるようにはらいます。800円はらうのはだれですか。

6 しき地に12m²の池をつくりました。池と残りのしき地の面積の比が2：13のとき，しき地の面積を求めなさい。

5　B
解説　4＋5＋7＝16
A　$2560\times\dfrac{4}{16}$（円）
B　$2560\times\dfrac{5}{16}$（円）
C　$2560\times\dfrac{7}{16}$（円）

6　90m²

問題 次の各問いに答えなさい。

得点 アップ 速　さ

◆ 速さ＝道のり÷時間　　道のり＝速さ×時間　　時間＝道のり÷速さ

◆ 時速 $\underset{\times 60}{\overset{\div 60}{\rightleftarrows}}$ 分速 $\underset{\times 60}{\overset{\div 60}{\rightleftarrows}}$ 秒速

☐ **1** 2.8km の道のりを1時間20分で進んだときの分速は何 m ですか。

☐ **2** 時速95kmで走る電車と分速1.54kmで走る地下鉄ではどちらが速いですか。

☐ **3** 分速75mで歩く人が4時間歩き続けたとき，何km進みますか。

☐ **★4** 100kmの道のりを時速36kmの乗り物で移動すると，何時間何分何秒かかりますか。

☐ **★5** 225kmの道のりを行きは7時間，帰りは8時間で往復したとき，平均の速さは時速何kmですか。

1 分速 35m

2 電　車

3 18km

4 2時間46分40秒

解説 $100 \div 36 = \frac{25}{9}$(時間)

$\frac{25}{9}$時間 $= 2\frac{7}{9}$時間

$= 2$時間$46\frac{2}{3}$分

$= 2$時間46分40秒

5 時速30km

解説 平均の速さ＝往復の道のり÷往復の時間だから，時速は

$225 \times 2 \div (7+8) = 30$(km)

得点 アップ 速さと比

◆ 時間が一定のとき，速さの比と道のりの比は等しい。
◆ 速さが一定のとき，時間の比と道のりの比は等しい。
◆ 道のりが一定のとき，速さの比と時間の比は逆比になる。

☐ **6** 弟が2時間で歩く道のりを兄は1時間12分で歩きます。弟と兄の速さの比を求めなさい。

☐ **★7** A市とB市の間の道のりを，行きは時速24km，帰りは時速30kmで往復したところ，全部で1時間3分かかりました。行きにかかった時間を求めなさい。

6 3：5

解説 72分：120分
＝3：5

7 35分

解説 行きと帰りにかかった時間の比は，
30：24＝5：4だから，
$63 \times \frac{5}{5+4} = 35$(分)

社会
理科
算数
英語
国語

問題 次の各問いに答えなさい。

得点 アップ 比例・反比例

◆ 比例の式 ➡ $y=$ きまった数 $\times x$ （対応する値の商がいつも同じ）

◆ 反比例の式 ➡ $y=$ きまった数 $\div x$ （対応する値の積がいつも同じ）

1 40cm の値段が 32 円のリボンは 6m で何円ですか。

1 480 円

2 15cm のばねがあります。このばねにおもりを下げたときののびた長さを表すグラフはア，イのどちらですか。

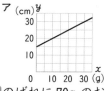

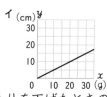

2 イ

解説 のびた長さは重さに比例する。

3 **2** のばねに 70g のおもりを下げたときのばねの長さは何 cm ですか。

3 50cm

解説 ばねは 1g につき 5÷10＝0.5(cm)のびる。 0.5×70＋15＝50(cm)

4 縦 15m，横 20m の長方形の形をした花だんを，面積を変えずに縦を 80m にしたとき，横は何 m ですか。

4 3.75m

解説 15×20÷80 ＝3.75(m)

5 歯数が 42 の歯車 A と歯車 B がかみ合っています。A が 5 回転すると B が 6 回転するとき，B の歯数はいくつですか。

5 35

解説 A と B それぞれの，歯数と回転数の積が同じになる。 42×5＝B の歯数×6

6 右のグラフは，A 市からB 市へ行くときの，かかる時間 x 時間と時速 $y$km の関係を表したものです。x と y の関係を式に表しなさい。

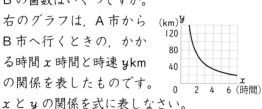

6 $y＝140÷x$

131

11 数量の関係
2つの量の変化とグラフ

入試重要度 ■■
月　日

問題 次の各問いに答えなさい。

得点 アップ 進行グラフ

◆ 進行グラフ ➡ 横軸に時間, 縦軸に道のりをとり, 速さが変化すると折れ曲がる。時間と位置や速さなどの関係を読みとって解く。

5km 先の駅まで行きます。A さんは最初は歩き, 途中からバスに乗って行きました。B さんは, 12 分おくれて自転車で行きました。グラフを見て, 答えなさい。

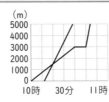

□ **1** A さんの歩く速さは分速何 m ですか。

★□ **2** B さんが 10 時 37 分に駅に着いたとき, B さんが A さんを追いぬいたのは 10 時何分何秒ですか。

□ **3** バスは 10 時 54 分に駅に着きました。バスの速さは時速何 km ですか。

1 分速 75m

解説 40 分間に 3000m 進んでいるから, 分速は 3000÷40＝75(m)

2 10 時 19 分 12 秒

解説 B さんの速さは, 分速 5000÷(37−12)＝200(m) 追いつくのにかかる時間は 75×12÷(200−75)＝7.2(分) 7.2 分＝7 分 12 秒

3 時速 30km

解説 分速は (5000−3000)÷(54−50)＝500(m) 時速は 500×60＝30000(m)

得点 アップ 水量の変化とグラフ

◆ 水量グラフ ➡ 容器の中に一定の割合で水を入れるときの時間と水量を表したグラフ。水量や容器の底面積によって, グラフは折れ曲がる。

深さ 30cm の水そうに水を入れます。A 管で水を入れ始め, 途中から B 管も開けて, A, B 両方の管で入れました。

□ **4** A 管から水を入れたときの水そうの水の深さは, 毎秒何 cm ずつ増えていきますか。

□ **5** 最初から B 管だけで水を入れた場合のグラフを上のグラフにかき入れなさい。

4 0.4cm

5

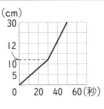

解説 A, B 両方開けたときは毎秒 18÷20＝0.9 (cm) ずつ深くなる。0.9 −0.4＝0.5(cm)で, B だけのときは毎秒 0.5cm ずつ深くなる。

12 数量の関係
場合の数

入試重要度 ■■

月　日

問題 次の各問いに答えなさい。

得点 アップ 並べ方

◆ 並べ方 ➡ 何通りの並べ方があるかを樹形図などに表して求める。

例　A，B，C，Dの4つの中から2つを選んで並べる並べ方は，
4×3＝12(通り)
(AB, AC, AD, BA, BC, BD, CA, CB, CD, DA, DB, DC)

1 A，B，C，D，Eの5人から，班長と副班長をきめるとき，きめ方は全部で何通りありますか。

2 0，1，3，5，7の5つの数を使って，3けたの整数を作ります。全部で何通りできますか。

3 1，2，3，4，5の5つの数を使って，3けたの偶数を作ります。全部で何通りできますか。

4 大小2つのさいころを投げるとき，出た目の数の和が4の倍数になるのは全部で何通りありますか。

1 20 通り

2 48 通り

解説
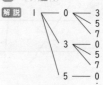

4×4×3＝48(通り)

3 24 通り

4 9 通り

得点 アップ 組み合わせ

◆ 組み合わせ ➡ 何通りの組み合わせがあるかを表などに表して求める。

例　A，B，C，Dの4つの中から2つを選ぶ組み合わせは，4×3÷2＝6 (通り)
(A−B, A−C, A−D, B−C, B−D, C−D)

5 A，B，C，D，Eの5人から，給食係2人をきめるとき，きめ方は全部で何通りありますか。

6 赤，青，黄，緑，白の5色から4色を選んで，混ぜます。混ぜ方は全部で何通りありますか。

7 8チームでサッカーの試合をします。すべてのチームと試合をするとき，全部で何試合になりますか。

5 10 通り

6 5 通り

解説 5色から4色を選ぶことは残りの1色を選ぶことと同じと考える。選び方は色の数と同じ5通りある。

7 28 試合

13 図形 角の大きさ

入試重要度

月　日

問題 次の各問いに答えなさい。

得点アップ 対頂角，平行線と角

- 対頂角は等しい。
  (右の図で，角㋐＝角㋑，角㋒＝角㋔)
- 平行線の同位角，錯角(さっかく)は等しい。
  (右の図で，角㋒＝角㋓，角㋔＝角㋓)

次の図で，直線 ℓ，m が平行なとき，角アと角イの大きさを求めなさい。

□ **1**

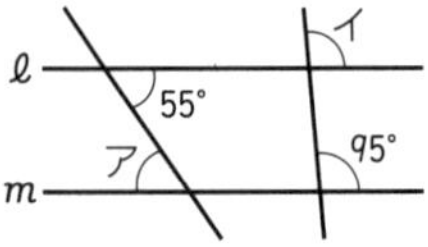

□★ **2**

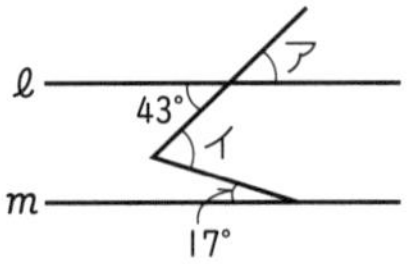

1 角ア＝55°
角イ＝95°

2 角ア＝43°
角イ＝60°

解説

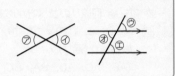

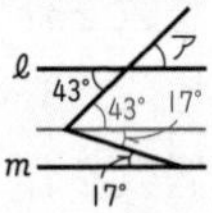

得点アップ 三角形の角

- 三角形の 3 つの内角の和は180°
- 三角形の外角は，それととなり合わない 2 つの内角の和に等しい。

次の図で，角アの大きさを求めなさい。

□ **3**

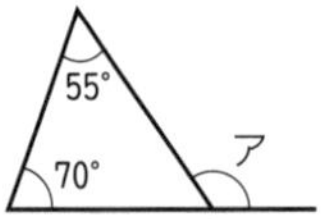

□★ **4**

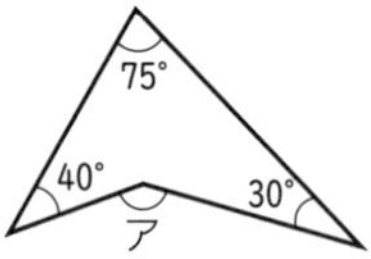

3 125°

4 145°

解説 75°＋40°＋30°＝145°

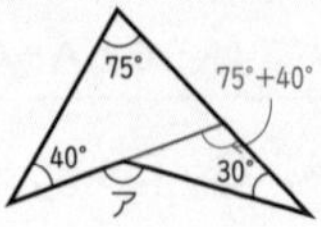

得点アップ 多角形の内角の和

- 多角形の内角の和は，180°×(辺の数－2)

□ **5** 六角形の内角の和は何度ですか。

□★ **6** 内角の和が 1260° になる多角形は何角形ですか。

□★ **7** 1 つの内角が 150° になるのは正何角形ですか。

5 720°

6 九角形

7 正十二角形

平面図形の性質

問題 次の各問いに答えなさい。

得点アップ 三角形の性質

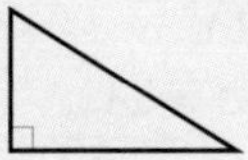

直角がある
➡ 直角三角形

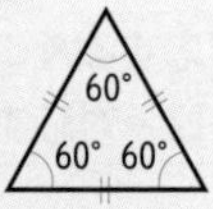

3 つの辺の長さ，3 つの角
の大きさが等しい
➡ 正三角形

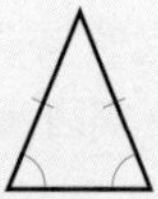

2 つの辺の長さ，2 つの角
の大きさが等しい
➡ 二等辺三角形

1 右の図のように正六
角形，正八角形があ
ります。⑦，⑦の三
角形の名まえを書きなさい。

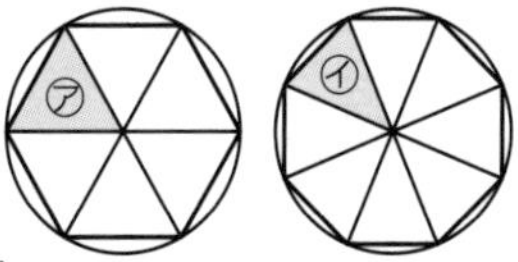

2 十角形の対角線の数を求めなさい。

1 ⑦正三角形
　⑦二等辺三角形

2 35 本

解説 対角線の数は
(頂点の数−3)×頂点の数÷2

得点アップ 四角形の性質，対称な図形

◆ 四角形の性質

1 組の辺が平行
➡ 台形

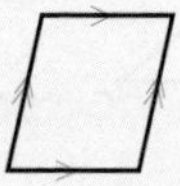

2 組の辺が平行
➡ 平行四辺形

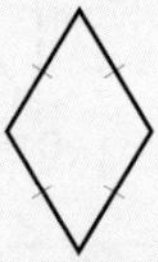

4 つの辺の長さが
すべて等しい
➡ ひし形

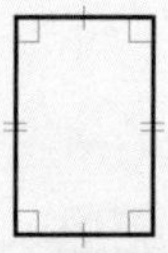

4 つの内角が
すべて等しい
➡ 長方形

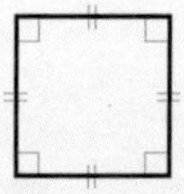

4 つの辺の長さ，4 つ
の内角の大きさが等
しい ➡ 正方形

◆ 線対称な図形 ➡ 1 つの直線で折ったときぴったり重なる。
　点対称な図形 ➡ 1 つの点のまわりに180°回転させたときぴったり重なる。

次の図形で，条件にあう図形を全部書きなさい。

正方形　ひし形　平行四辺形　正三角形　長方形　円

3 対角線で切ると，4 つの合同な三角形になる。

4 2 組の平行な辺がある。

5 線対称でも，点対称でもある。

3 正方形，ひし形

4 正方形，ひし形，
　平行四辺形,長方形

5 正方形,ひし形,
　長方形，円

問題 次の各問いに答えなさい。

得点 アップ 図形の合同, 拡大と縮小

◆ 合同な図形 ➡ 対応する辺の長さ・対応する角の大きさが等しい。

◆ 拡大図・縮図 ➡ 対応する辺の長さの比・対応する角の大きさが等しい。

1 ～ 3 の □ にあてはまる記号と（ ）にあう数を書きなさい。

□ 1 アと □ は合同です。

□ 2 □ はアの（ ）倍の拡大図です。

□ 3 アは □ の（ ）の縮図です。

□ 4 右の図で, ア, イの辺の長さを求めなさい。

1 ウ

2 オ, 1.5

3 オ, $\frac{2}{3}$

4 ア…7.2cm

　イ…9.6cm

解説 対応する角が等しいから, 三角形 ADB は三角形 ABC の縮図である。

AD：AB＝AB：AC

DB：BC＝AB：AC

得点 アップ 縮図の利用

◆ 縮図の縮めた割合を縮尺という。

木の高さや川はばなど直接測定できない場合は縮図を利用する。

□ 5 1万分の1の地図上で, 縦3cm, 横4cm の長方形の面積は実際には何 m² ですか。

□ 6 目の高さ1.4m の人が右の図のように棒を使って, 15m 先にある電柱の高さを測りました。電柱の高さは約何 m ですか。

5 120000m²

6 約14.9m

解説 目の先 30cm の所で 27cm の高さなので,

1500÷30＝50

27×50＝1350(cm)

1350cm＝13.5m

13.5＋1.4＝14.9(m)

16 図形 図形の長さ

入試重要度 ■■

月　日

問題 次の各問いに答えなさい。円周率は 3.14 とします。

得点 アップ 円 周

◆ 円周＝直径×円周率＝半径×2×円周率
◆ 1つの円の半径はすべて等しい。

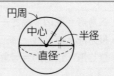

円周
中心
半径
直径

1 右の図形のまわりの長さを求めなさい。

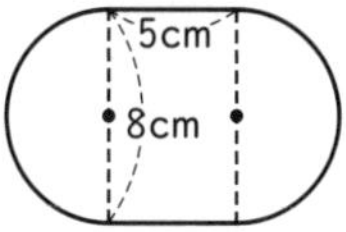

5cm
8cm

2 右の図のように半径 10cm の円を3つ並べました。まわりの太線の長さを求めなさい。

1 35.12cm

2 122.8cm

解説 下の図のように直線部分3つと円1つ分の周の長さの和になる。

10×2×3.14＝62.8(cm)
20×3＝60(cm)
62.8＋60＝122.8(cm)

得点 アップ おうぎ形の弧の長さ

◆ おうぎ形の曲線部分を弧という。
◆ おうぎ形の弧の長さ＝円周×$\dfrac{中心角}{360°}$

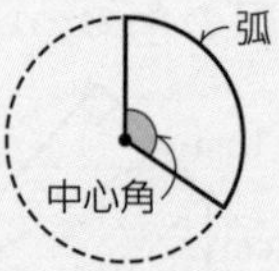

弧
中心角

3 右の図は半径 15cm の円です。ア，イの弧の長さを求めなさい。

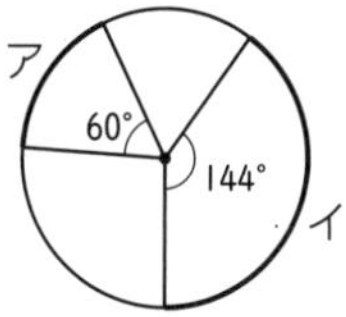

ア
60°
144°
イ

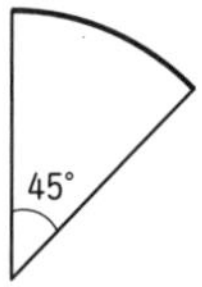

3 ア…15.7cm
　イ…37.68cm

解説 ア 15×2×3.14 ×$\dfrac{60}{360}$＝15.7(cm)
イ 15×2×3.14×$\dfrac{144}{360}$＝37.68(cm)

4 右の図のようなおうぎ形があります。弧の長さは 9.42cm でした。半径何 cm のおうぎ形ですか。

45°

4 12cm

解説 半径を□ cm とすると，
□×2×3.14×$\dfrac{45}{360}$＝9.42

137

17 図形 多角形の面積

問題 次の各問いに答えなさい。

得点 アップ 面積の公式

◆ 三角形＝底辺×高さ÷2
◆ 長方形＝縦×横　　正方形＝1辺×1辺　　平行四辺形＝底辺×高さ
　 ひし形・正方形＝対角線×対角線÷2　　台形＝(上底＋下底)×高さ÷2

次の図の色のついた部分の面積を求めなさい。

☐★ **1**
15cm　9cm
18cm
9cm
15cm

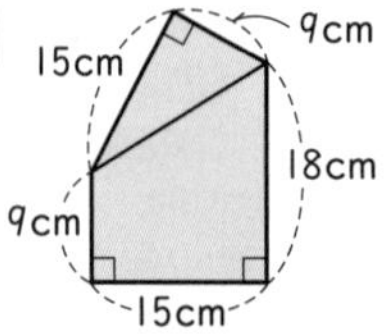

☐ **2**
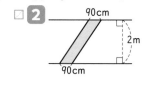
90cm
2m
90cm

1 270cm²

解説 15×9÷2＋(9＋18)×15÷2＝270(cm²)

2 18000cm²(1.8m²)

得点 アップ くふうした面積の求め方

◆ 補助線で分けたり，図形の一部を移動したりして求める。
◆ 等積変形 ➡ 底辺と高さが同じ三角形は，面積が等しい。

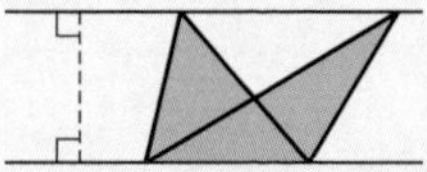

次の図の色のついた部分の面積を求めなさい。

☐ **3**
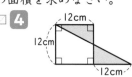
1cm　5cm
2cm
3cm

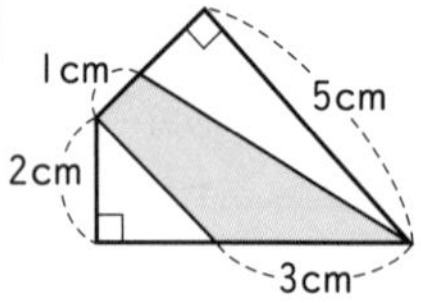

☐ **4**
12cm
12cm
12cm

3 5.5cm²

解説 3×2÷2＋1×5÷2＝5.5(cm²)

4 72cm²

5 204cm²

解説 (20−3)×(16−4)＝204(cm²)

☐ **5**
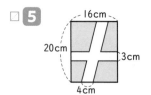
16cm
20cm
3cm
4cm

☐★ **6**
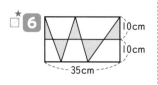
10cm
10cm
35cm

6 175cm²

解説

それぞれの三角形を等積変形すると，上のような三角形をつくることができる。
35×10÷2＝175(cm²)

18 図形 円やおうぎ形の面積

問題 次の各問いに答えなさい。円周率は 3.14 とします。

得点 アップ 円やおうぎ形の面積

◆ 円の面積＝半径×半径×円周率

◆ おうぎ形の面積＝半径×半径×円周率× $\dfrac{中心角}{360°}$

次の図の色のついた部分の面積を求めなさい。

1

2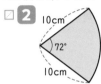

1 50.24cm²

2 62.8cm²

解説 $10×10×3.14×\dfrac{72}{360}=62.8(cm^2)$

得点 アップ 複雑な図形の面積

◆ 補助線をひいて，いくつかの図形に分ける。

◆ 全体の面積から，余分な面積をひく。

◆ 図形の一部を移動させて，求めやすくする。

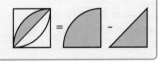

次の図の色のついた部分の面積を求めなさい。

3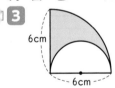

4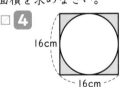

3 14.13cm²

4 55.04cm²

5 353.25cm²

解説 色のついた部分をそれぞれ移動させると，半径15cmの半円ができる。

$15×15×3.14÷2$
$=353.25(cm^2)$

6 57cm²

解説 $10×10×3.14÷4$
$=78.5(cm^2)$
$10×10÷2=50(cm^2)$
$(78.5−50)×2=57(cm^2)$

 5

6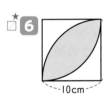

社会 理科 算数 英語 国語

19 図形 面積と辺の比

入試重要度 月 日

問題 次の各問いに答えなさい。

得点アップ 辺の比と面積の比

- 高さが同じ三角形で底辺が 2 倍になると，面積は 2 倍になる。
- 底辺が同じ三角形で高さが 2 倍になると，面積は 2 倍になる。
- 三角形の底辺と高さが 2 倍になると，面積は 2 × 2 = 4 倍になる。

右の図のように正方形 ABCD，直線 AF，直線 BD，直線 CE があります。次の三角形は三角形 ABD の面積の何倍にあたりますか。

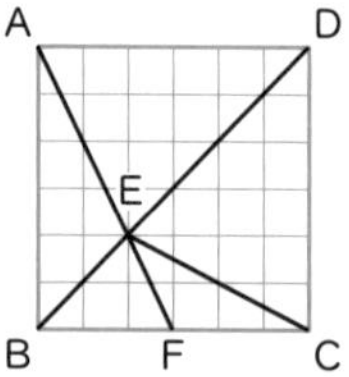

☐ ★ **1** 三角形 AED

☐ **2** 三角形 BEC

☐ **3** 三角形 BEF

☐ **4** 三角形 CEF

1 $\frac{2}{3}$倍

2 $\frac{1}{3}$倍

3 $\frac{1}{6}$倍

4 $\frac{1}{6}$倍

得点アップ 拡大（かくだい）・縮小（しゅくしょう）と面積の比

- 三角形 ABC と拡大した三角形 ADE で，対応する辺の長さの比が 1：3 のときの面積の比は，(1×1)：(3×3)＝1：9 になる。

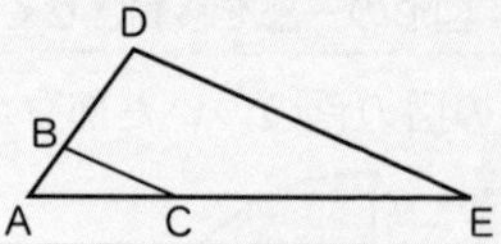

右の図のように三角形 ABC と縮小した三角形 ADE があります。

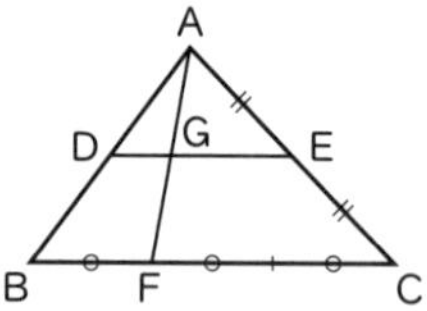

☐ ★ **5** 三角形 ADE と三角形 ABC の面積の比を求めなさい。

☐ **6** 三角形 ABF と三角形 ABC の面積の比を求めなさい。

☐ **7** 三角形 ADG の面積が 1cm² のとき，三角形 ABC の面積は何 cm² ですか。

5 1：4

6 1：3

解説 高さが同じで，底辺の長さが 3 倍になっている。

7 12cm²

解説 三角形 ABF の面積は 4cm²
三角形 ABC の面積は三角形 ABF の面積の 3 倍になる。

問題 次の各問いに答えなさい。円周率は 3.14 とします。

社会　理科　算数　英語　国語

得点 アップ 点の移動

◆ ある図形の辺上を点が移動する
　ことによって，変化する面積を
　考える。

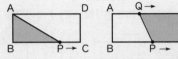

右の図のような長方形 ABCD
の辺の上を，点 P が毎秒 1cm
の速さで，点 A から B, C を
通って D まで動きます。

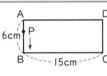

1 点 P が点 A を出発して，2 秒後の三角形 ADP
　の面積を求めなさい。

2 12 秒後の三角形 ADP の面積を求めなさい。

3 三角形 ADP が 31.5cm² になるのは，点 A を
　出発して何秒後と何秒後ですか。

1 15cm²

2 45cm²

3 4.2秒後と22.8秒後

解説 31.5×2÷15=4.2
(cm)三角形 ADP の高さ
が 4.2cm になる位置を
求めればよい。1つ目は
点 A から点 B に向かっ
て4.2cm，2つ目は点 B
を通って，点 C から
1.8cm 進んだ位置になる。
6+15+1.8=22.8(cm)

得点 アップ 図形の移動と重なり

◆ 直線上を円が転がったとき，円の通ったあとの
　面積は，円の面積＋長方形の面積になる。

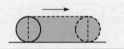

右の図のように直角三角形に
そって，直径 2cm の円がすべ
らないように 1 周します。

4 円の中心が移動した長さを求めなさい。

5 円が通ったあとの部分(色をぬった部分)の面
　積を求めなさい。

4 30.28cm

解説 2×3.14+8+6+
10=30.28(cm)

5 60.56cm²

解説 半径 2cm の円 1
つと長方形 3 つの面積。
2×2×3.14+2×(8+6+
10)=60.56(cm²)

21 図形 展開図と切断

入試重要度 ∎∎∎

月　日

問題 次の各問いに答えなさい。

得点 アップ 展開図

◆ 展開図…立体を切り開いて，1つの平面上に表した図

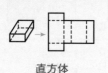

直方体

円柱

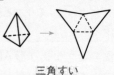

三角すい

右の立方体の展開図を見て，答えなさい。

□ **1** 頂点エ，頂点スと重なる頂点はどれですか。

□ **2** ①の面ととなり合う面はどれですか。

□ **3** 右のようにひもをかけるとき，ひもの通るところを上の展開図に続けてかき入れなさい。

1 頂点エ…カ
頂点ス…ア，ケ

2 ②，③，⑤，⑥

3

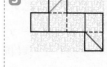

得点 アップ 立体の切断

◆ 立体をある平面で切ったときの切り口の線や面を見取図で考える。

右の図は立方体で，I, J, K はそれぞれ辺 AB, BF, DH を2等分する点です。次の点を通る平面で切ったときの切り口はどんな形になりますか。

□ **4** D, I, J, G

□ **5** A, J, G, K

4 台形

5 ひし形

解説 AJ＝JG＝GK＝KA

142

問題 次の各問いに答えなさい。円周率は 3.14 とします。

得点 アップ 角柱・円柱の体積

◆ 角柱・円柱の体積＝底面積×高さ
展開図からも，底面や高さがわかる。

◆ 長方形をその１辺を回転の軸として１回転させると，
円柱ができる。

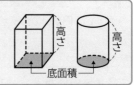

次の立体の体積を求めなさい。

 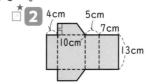

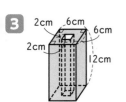 

（直線ℓを軸に１回転して
できた立体）

1 602.88cm³

2 442cm³

解説 $(7+10) \times 4 \div 2 \times 13 = 442 (cm^3)$

3 384cm³

解説 $(6 \times 6 - 2 \times 2) \times 12 = 384 (cm^3)$

4 401.92cm³

解説 底面の半径が 8cm で，高さが 2cm の円柱になる。
$8 \times 8 \times 3.14 \times 2 = 401.92 (cm^3)$

得点 アップ 角柱・円柱の表面積

◆ 角柱・円柱の表面積＝側面積＋底面積×2

◆ 角柱・円柱の側面積＝底面の周の長さ×高さ
展開図の面積が，その立体の表面積である。

底面

側面

次の立体の表面積を求めなさい。

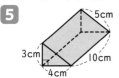 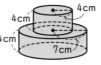

5 132cm²

6 584.04cm²

解説 底面積は半径 7cm の円２つ分と考えることができる。
$7 \times 7 \times 3.14 \times 2 + 4 \times 2 \times 3.14 \times 4 + 7 \times 2 \times 3.14 \times 4 = 584.04 (cm^2)$

問題 次の各問いに答えなさい。円周率は 3.14 とします。

得点 アップ 角すい・円すいの体積

◆ 角すい・円すいの体積＝底面積×高さ÷3

次の立体の体積を求めなさい。

（直線ℓを軸に1回転してできた立体）

1 75cm³

2 122.46cm³

解説 5×5×3.14×5÷3−2×2×3.14×2÷3
＝(5×5×5−2×2×2)×3.14÷3＝122.46(cm³)

得点 アップ 角すい・円すいの表面積

◆ 角すい・円すいの表面積＝底面積＋側面積
◆ 円すいの側面積＝母線を半径とする円の面積× $\dfrac{底面の半径}{母線}$
　展開図の面積が，その立体の表面積である。

次の立体の表面積を求めなさい。

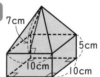

3 200.96cm²

4 440cm²

5 72cm²

解説 側面の中心角は，360°× $\dfrac{3}{12}$ ＝90°になるから，展開図をかくと，次の図のようになる。

12×12÷2＝72(cm²)

5 右の図のような円すいがあります。点Aから長さが最も短くなるように，糸を側面上に1周まいたとき，側面の色をぬった部分の面積は何cm²ですか。

問題 次の各問いに答えなさい。

社会　理科　**算数**　英語　国語

得点 アップ 和差算

◆ 2つの数量の和と差に着目する。
　小さいほうの数量 = (和 − 差) ÷ 2
　大きいほうの数量 = (和 + 差) ÷ 2

大
小
差
和

1 横が縦より8cm長く，周りの長さが80cmの長方形の縦の長さを求めなさい。

★**2** A，B，Cの品物の合計は710円です。BはAより30円高く，CはAより140円高いとき，Aの値段を求めなさい。

得点 アップ 差集め算・過不足算

◆ 1個あたりの差を集めると，全体の差になることに着目する。
　全体の差 ÷ 1個あたりの差 = 個数

3 持っているお金では，840円の品物がおつりなくちょうど何個か買えますが，630円の品物を買うとおつりなくさらに4個多く買うことができます。持っているお金は何円ですか。

★**4** 何個かのりんごを箱に入れます。6個ずつ入れると4個余り，9個ずつ入れると，20個足りません。箱は何箱ありますか。

5 みかんを何人かの子どもに分けるとき，6個ずつ分けると10個不足し，8個ずつ分けると22個不足します。子どもの人数とみかんの数を求めなさい。

1 16cm
解説 縦と横の長さの和は，80÷2=40(cm)
(40 − 8)÷2=16(cm)

2 180円
解説 {710−(30+140)}÷3=180(円)

3 10080円
解説 630×4=2520(円)
2520÷(840−630)=12(個)
840×12=10080(円)

4 8箱
解説 (4+20)÷(9−6)=8(箱)

5 子ども…6人
　　みかん…26個
解説 子どもの人数は，
(22−10)÷(8−6)=6(人)
みかんの数は，
6×6−10=26(個)

問題 次の各問いに答えなさい。

得点 アップ つるかめ算

♦ つるの足は 2 本，かめの足は 4 本など，それぞれの個数の合計がわかっているときに，どちらか一方におきかえた合計量と，実際の合計量の差からそれぞれの個数を求める問題。

☐ **1** つるとかめがあわせて 28 ぴきいます。足の数の和が 78 本のとき，つるは何羽，かめは何びきいますか。

☐ **2** 180 円の品物 A と 240 円の品物 B を，あわせて 21 個買って，4500 円はらいました。品物 A，品物 B をそれぞれ何個買いましたか。

☐ **3** 450 円の品物 A と 800 円の品物 B と 300 円の品物 C を全部で 18 個買い，7000 円はらいました。品物 C とそれ以外の品物の個数の比は 2：1 です。品物 A は何個買いましたか。

1 つる…17 羽
　　かめ…11 ぴき

2 品物 A…9 個
　　品物 B…12 個

解説 21 個全部が A だとすると，4500−180×21 =720（円）の差があるから，720÷（240−180）=12（個）21−12=9（個）

3 4 個

解説 品物 C は，18×$\frac{2}{3}$=12（個）
7000−300×12=3400（円）
800×（18−12）=4800（円）
（4800−3400）÷（800−450）
=4（個）

得点 アップ 年れい算

♦ 数量の差と割合（わりあい）がわかっているとき，
　2 つの数量の差÷割合の差＝もとにする量

☐ **4** 現在，子どもが 11 才で，お父さんは 41 才です。お父さんの年れいが子どもの年れいの 3 倍になるのは何年後ですか。

☐ **5** 2 人の子どもは 15 才，10 才，お母さんは 39 才です。子どもの年れいの和がお母さんの年れいと等しくなるのは何年後ですか。

4 4 年後

解説 （41−11）÷（3−1）
=15 より，3 倍になるのは子どもが 15 才になるとき。

5 14 年後

解説 39−（15+10）
=14（年後）

26 文章題 相当算・仕事算・倍数算

入試重要度 ■■■

月　日

問題 次の各問いに答えなさい。

得点 アップ　相当算

◆ 線分図を利用して，数量と割合の関係をつかむ。
比べる量÷割合＝もとにする量 の公式を使って，もとにする量を求める。

1 あるしき地の $\frac{1}{6}$ は池，$\frac{2}{5}$ はしばふ，残りは花だんで，39m² あります。しき地全体の面積は何 m² ですか。

1　90m²

解説 $\frac{1}{6}+\frac{2}{5}=\frac{17}{30}$

$39÷\left(1-\frac{17}{30}\right)=90(m²)$

得点 アップ　仕事算

◆ 仕事量全体を1として，1日や1時間の仕事量やかかる日数などを求める問題。

2 水そうに水をいっぱいに入れます。A管を使って水を入れると 20分，B管を使って水を入れると 12分かかります。A，Bの両方を使うと何分でいっぱいになりますか。

2　7.5分 $\left(7\frac{1}{2}分\right)$

解説 $\frac{1}{20}+\frac{1}{12}=\frac{2}{15}$

$1÷\frac{2}{15}=\frac{15}{2}=7.5(分)$

得点 アップ　倍数算

◆ ある2つの数量の増減前後の倍数関係を使って解く問題。
数量の関係を線分図で表し，比の和や比の差，比例式を使って解く。

3 AさんとBさんが持っているお金の比は4:7でしたが，Bさんが140円の品物を買ったところ，2:3になりました。Bさんははじめ何円持っていましたか。

3　980円

解説 2:3＝4:6より，140円が7－6＝1にあたるから，140×7＝980(円)

4 姉と妹が持っているあめの個数の比は3:2でしたが，姉が妹にあめを11個あげたので，2人の持っているあめの個数の比は5:7になりました。姉ははじめ何個のあめを持っていましたか。

4　36個

解説　比の和を60にそろえると，3:2＝36:24
　　　　　5:7＝25:35
11個が36－25＝11にあたるから，11÷11×36＝36(個)

問題 次の各問いに答えなさい。

得点 アップ 旅人算

◆速さの異なる2人が出会う時間や道のりなどを求める問題。
　2人が反対方向に進む ➡ 出会うまでの時間＝2人のへだたり÷2人の速さの和
　2人が同じ方向に進む ➡ 追いつくまでの時間＝2人のへだたり÷2人の速さの差

☐ **1** 長さが2160mの池の周りをAさんとBさんが同じ位置から，同時に反対向きに歩きます。Aさんは分速75m，Bさんは分速60mで歩くとき，2人が出会うのは出発してから何分後ですか。

1 16分後
解説 2160÷(75+60)
＝16(分後)

☐ **2** **1** で，2人が同じ方向に進むとき，AさんがBさんにはじめて追いつくのは出発してから何分後ですか。

2 144分後
解説 2160÷(75−60)
＝144(分後)

得点 アップ 通過算

◆列車が鉄橋やトンネルを通過するとき，
　通過する時間＝(鉄橋やトンネルの長さ＋列車の長さ)÷列車の速さ
◆2つの列車がすれちがうとき，
　通過する時間＝両列車の長さの和÷両列車の速さの和
◆一方の列車が，もう一方の列車を追いこすとき，
　通過する時間＝両列車の長さの和÷両列車の速さの差

☐ **3** 秒速25mで走る長さ175mの列車が，全長800mの鉄橋をわたり始めてからわたり終わるまでにかかる時間は何秒ですか。

3 39秒
解説 (800+175)÷25
＝39(秒)

☐ **4** 長さ160mで秒速25mで走る電車Aと，長さ200mで秒速20mで走る電車Bが反対方向から来て，すれちがいます。電車Aと電車Bが出会ってから，はなれるまでの時間は何秒かかりますか。

4 8秒
解説 (160+200)÷(25+20)＝8(秒)

28 文章題 流水算・時計算

入試重要度 ▮▮▯

社会
理科
算数
英語
国語

問題 次の各問いに答えなさい。

得点 アップ 流水算

◆ 船が川を上ったり，下ったりするときなどの速さの問題。
　静水時の船の速さ＝（下りの速さ＋上りの速さ）÷2 ┐
　川の流れの速さ＝（下りの速さ－上りの速さ）÷2 ┘ 和差算の考え方を使う

1 静水での速さが時速 12km の船が，ある川を 36km 下るのに2時間かかりました。同じ所を上るのにかかる時間を求めなさい。

1 6時間
解説 時速36÷2＝18(km)
時速12－(18－12)＝6(km)
36÷6＝6(時間)

2 川を下る船が，672m 先の地点へ行くのに 24 分かかりました。同じ区間を上るときは 84 分かかりました。川の流れの速さは分速何 m ですか。

2 分速10m
解説 分速672÷24＝28(m)
分速672÷84＝8(m)
分速(28－8)÷2＝10(m)

3 ある川の 2376m の区間を船で行くとき，下りは 36 分，上りは 44 分かかりました。川の流れがないところでの船の速さは分速何 m ですか。

3 分速60m
解説 分速2376÷36＝66(m)
分速2376÷44＝54(m)
分速(66＋54)÷2＝60(m)

得点 アップ 時計算

◆ 時計の長針と短針の進む速さのちがいから，角度や時刻を求める問題。
　時計算は旅人算の考え方を使って解く。
　時計の針が1分間に動く角度は，長針が6°，短針が0.5°

4 3時25分の時計の長針と短針で作る小さいほうの角度は何度ですか。

4 47.5°
解説 3時に長針と短針で作る角度は90°
(6°－0.5°)×25＝137.5°
137.5°－90°＝47.5°

5 10時と11時の間で，時計の長針と短針が重なるしゅん間は10時何分から何分の間ですか。

5 10時54分から 55分の間
解説 10時に長針と短針で作る角度は300°
300°÷(6°－0.5°)
＝54.54…(分)

149

問題 次の各問いに答えなさい。

得点 アップ 植木算

◆ 直線に植えてある木などの数を求める問題。
両はしをふくむとき，木などの数＝間の数＋1
両はしをふくまないとき，木などの数＝間の数−1
周囲がつながっているとき，木などの数＝間の数

□ ★**1** 電柱が7mおきに10本立っています。はしからはしまでの長さは何mですか。

1 63m
解説 7×(10−1)＝63(m)

□ **2** 円の形をした広場の周りに，8mごとに木を25本植えます。広場の周りの長さは何mですか。

2 200m
解説 8×25＝200(m)

得点 アップ 方陣算

◆ ご石などを正方形や長方形に並べる並べ方の問題。
正方形に並べたとき，
周りの個数＝(1辺の個数−1)×4
1辺の個数＝周りの数÷4＋1

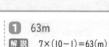

□ ★**3** ご石を1辺が12個の正方形になるように並べます。いちばん外側に並んでいるご石は，全部で何個ですか。

3 44個
解説 (12−1)×4＝44(個)

□ **4** ご石を正方形になるように並べたとき，いちばん外側の周りのご石の数は80個でした。1辺の個数は何個か，求めなさい。

4 21個
解説 80÷4＋1＝21(個)

□ **5** ご石を長方形になるように並べます。横の辺の個数は縦の辺の個数より3個多くなるように並べます。いちばん外側の周りの個数が62個のとき，縦は何個ですか。

5 15個
解説 横の辺の個数が縦の辺の個数より3個多いから，それを除けば正方形になると考える。
62−3×2＝56(個)
56÷4＋1＝15(個)

30 ニュートン算・周期算・集合算

入試重要度 ■■■

月　日

問題 次の各問いに答えなさい。

得点 アップ ニュートン算

◆ 入場待ちの行列など，絶えず一定の割合で増えたり減ったりすることに注意して解く問題。入場待ちの行列などでは，単位時間に入場門などを通る人数を考える。

1 入場門の前に，300人の行列ができています。毎分15人ずつ並ぶ人が増えていきます。入場門を1つ開けると30分で行列がなくなります。入場門を3つ開けると，何分で行列はなくなりますか。

1 5分

解説 $\dfrac{300+15\times30}{30}$

$=25$(人)

$25\times3-15=60$(人)

$300\div60=5$(分)

得点 アップ 周期算

◆ 同じ並び方の数や記号がくり返し現れるとき，そのきまりを見つけて解く問題。全体の個数÷1つの周期の個数　で，周期の回数や余りの個数を求める。

2 1，3，7，1，3，7，……と規則的に数が並んでいます。初めから35番目までの数の和を求めなさい。

2 125

解説 $35\div3=11$ 余り 2

$(1+3+7)\times11=121$ より，余りは2個だから，

$121+1+3=125$

得点 アップ 集合算

◆ 2つ以上の集合の関係を分類の図や表に表して解く。

---

3 ある小学校の6年生152人について，習い事調べをしました。英語を習っている人は65人，ピアノを習っている人は61人，どちらも習っていない人は48人いました。どちらも習っている人は何人ですか。

3 22人

解説 $(65+61+48)-152$

$=22$(人)

1 I am Haruka.

得点 アップ 「…は〜です」(肯定文)

◆自分については I am 〜, 相手については You are 〜となる。
◆自分と相手以外の 1 人の人については, is を用いる。
◆2 人以上の人については, すべて are を用いる。

問題 ( )に当てはまる英語を答えなさい。

☆**1** I (①) Mary. (②) from Canada.
わたしはメアリーです。カナダ出身です。

2 You ( ) a member of our club.
あなたはぼくたちのクラブの一員です。

3 Mr. Smith ( ) our coach.
スミスさんはわたしたちのコーチです。

4 Tom and Fred ( ) brothers.
トムとフレッドは兄弟です。

得点 アップ 「…は〜ではありません」(否定文)

◆ am, are, is のあとに not を置く。
I am <u>not</u> Haruka.(わたしはハルカではありません。)

☆**5** I (①) (②) tired.
わたしは疲れていません。

6 Paul (①) (②) from Italy.
ポールはイタリア出身ではありません。

7 They (①) (②) nurses.
They are doctors.
彼らは看護師ではありません。医師です。

1 ① am
　② I'm

解説 ②には, I am の短縮形(I'm)を用いる。

2 are

3 is

4 are

解説 Tom and Fred は 2 人であることに注意。

5 ① am
　② not

解説 tired は「疲れた」という意味の形容詞。

6 ① is
　② not

解説 am [are, is]＋from 〜で「〜出身です」という意味。

7 ① are ② not

2 Are you hungry?

得点 アップ 「…は〜ですか」(疑問文)

◆ You are 〜 . の You と are を入れかえて，Are you 〜 ? とする。
  You are hungry. → Are you hungry?（あなたはおなかがすいていますか。）
  Yes, I am. / No, I am [I'm] not. と答える。

◆ Kenta is 〜 . の Kenta と is を入れかえて，Is Kenta 〜 ? とする。
  Kenta is tired. → Is Kenta tired?（ケンタは疲れていますか。）
  Yes, he is. / No, he is not [isn't]. と答える。

問題 ( )に当てはまる英語を答えなさい。

1 (①) (②) a new student?
  — Yes, (③) am.
  あなたは新入生ですか。— はい，そうです。

2 (①) (②) sleepy?
  — (③), I'm (④). I am tired.
  あなたはねむいのですか。
  — いいえ，ねむくはありません。ぼくは疲れているのです。

3 (①) Mary from America?
  — No, (②) (③). She is from Canada.
  メアリーはアメリカ出身ですか。
  — いいえ，ちがいます。彼女はカナダ出身です。

4 (①) they your friends?
  — Yes, (②) are.
  彼らはあなたの友だちですか。
  — はい，そうです。

1 ① Are
  ② you
  ③ I

2 ① Are
  ② you
  ③ No
  ④ not

3 ① Is
  ② she
  ③ isn't
  解説 Maryをsheに置きかえて答える。
  isn'tはis notの短縮形。

4 ① Are
  ② they
  解説 主語がtheyで複数であることに注意。

153

3 Nice to meet you, Mr. Brown.

得点 アップ さまざまな場面の決まり文句

◆ 場面にふさわしいあいさつを用いる。
◆ 時間割を紹介するときは《 I [We] have ＋ 教科 ＋ on ＋ 曜日》の形を用いる。
I have math on Friday.（金曜日には数学があります。）

問題 （　）に当てはまる英語を答えなさい。

☐ **1** Hello, I'm Tom. Nice to （　） you.
こんにちは，わたしはトムです。はじめまして。

☐ **2** Goodbye, Mary. （ ① ） you on （ ② ）.
さようなら，メアリー。また月曜日にね。

☐ **3** Thank you. — You are （　）.
ありがとう。— どういたしまして。

☐ **4** I'm sorry. — That's （　） right.
ごめんなさい。— いいんですよ。

☐ **5** （　） you are.
— Thank you.
（何かを差し出して）はい，どうぞ。
— ありがとう。

☐ **6** （　） to our school.
わたしたちの学校へようこそ。

☐ **7** We have English （ ① ）（ ② ）.
火曜日には英語があります。

☐ **8** We have （ ① ） and social studies on （ ② ）.
水曜日には理科と社会があります。

1 meet

2 ① See
② Monday

3 welcome

4 all
解説 「謝罪」(I'm sorry.)
に対して，「いいんです
よ。」はThat's all right.な
どと答える。

5 Here
解説 相手にものを差し
出すときの決まり文句。

6 Welcome
解説 Welcome to ～で
「歓迎」の決まり文句。

7 ① on
② Tuesday
解説 「どんな教科があ
るか」＝「どんな教科を持
つか」と考える。

8 ① science
② Wednesday

4 This is my bag.

得点 アップ 「…の持ち物」

◆ my「わたしの」, your「あなたの, あなたたちの」, his「彼の」, her「彼女の」, our「わたしたちの」, their「彼らの, 彼女らの」を使い分ける。
(I →) my ... / (you →) your ... / (he →) his ... / (she →) her ... /
(we →) our ... / (they →) their ...

◆ 「人」を表す名詞の場合は,《名詞 +'s》とする。
Mary's bag「メアリーのかばん」, my father's bag「わたしの父のかばん」

問題 (　　)に当てはまる英語を答えなさい。

1 This is (①) book. (②) book is on the table.
これはわたしの本です。あなたの本はテーブルの上にあるわ。

2 (　　) classroom is on the second floor.
ぼくたちの教室は 2 階です。

3 Are (　　) hands clean?
あなたの手はきれいですか。

4 Mary is my friend. (　　) sister is my friend, too.
メアリーはわたしの友だちです。彼女のお姉さんもわたしの友だちです。

5 This is (①) bike. (②) bike is red.
これはトムの自転車です。メアリーの自転車は赤色です。

6 (①) (②) birthday is April 1st.
わたしの母の誕生日は 4 月 1 日です。

1 ① my
② Your
解説 on the table「テーブルの上に」

2 Our
解説 on the first [second, third] floor「1階 [2階, 3階]に」

3 your

4 Her
解説 ..., too.「…もまた ～」

5 ① Tom's
② Mary's

6 ① My
② mother's
解説 April 1st = April first

155

5 I get up at 6:30 every morning.

得点 アップ　「…は～する」（肯定文）

- 「…は」のあとに、「～する」（動詞）を続ける：get up「起きる」/ go「行く」/ study「勉強する」/ play「する」/ eat「食べる」
- I like [have, want] ... . で、それぞれ「好きなもの」「持っているもの」「ほしいもの」を表すことができる。

問題　（　）に当てはまる英語を答えなさい。

☐ **1** I (　) to school by bus.
わたしはバスで学校に行きます。

☐ **2** I (　) *shogi* with my friends at lunch break.
ぼくは昼休みに友だちと将棋をします。

☐ **3** We (　) at the library after school.
わたしたちは放課後、図書室で勉強します。

☐ **4** I (　) my hair every evening.
わたしは毎晩、髪を洗います。

☐ **5** On Sunday, I (①) my room. Then I (②) my mother in the kitchen.
日曜日には、わたしは部屋のそうじをします。それから台所で母の手伝いをします。

☐ **6** I (　) cats. They are very cute.
わたしはネコが好きです。ネコはとてもかわいいです。

☐ **7** I (　) a brother. He is 17.
ぼくには兄がいます。彼は 17 才です。

☐ **8** I (　) a new bike for my birthday.
ぼくは誕生日のお祝いに新しい自転車がほしいです。

---

1 go

解説　by bus「バスで」by train「列車で」by bike「自転車で」

2 play

3 study

4 wash

5 ① clean
② help

6 like

解説　「ある1ぴきのネコ」（a cat）ではなく、「いろいろなネコみんな」なのでcatsとする。

7 have

解説　「兄がいる」＝「兄を持っている」

8 want

解説　for my birthday「誕生日のお祝いに、誕生日プレゼントとして」

6 Do you play tennis?

得点 アップ　「〜しますか」（疑問文）／「〜しません」（否定文）

◆ 疑問文は，You play … . の前に Do を置いて，Do you play …? とする。
  <u>Do you play</u> tennis?（あなたはテニスをしますか。）
  — Yes, I do. / No, I do not [don't].（はい，します。／いいえ，しません。）
◆ 否定文は，I play … . の play の前に don't を入れて，I don't play … . とする。
  I play tennis. → I <u>don't</u> play tennis.（わたしはテニスをしません。）

問題（　　）に当てはまる英語を答えなさい。

1（ ① ）（ ② ）read a newspaper?
 — No, I（ ③ ）.
 あなたは新聞を読みますか。
 — いいえ，読みません。

1 ① Do
　② you
　③ don't

2（ ① ）you（ ② ）broccoli?
 — Yes, I（ ③ ）. I like broccoli very much.
 How about you?
 あなたはブロッコリーが好きですか。
 — はい，好きです。大好きですよ。あなたは
 どうですか。

2 ① Do
　② like
　③ do

解説 How about you?は，
自分が聞かれたのと同じ
質問を相手に聞くときに
使う表現。

3 I drink tea, but I（ ① ）（ ② ）coffee.
 わたしは紅茶は飲みますが，コーヒーは飲み
 ません。

3 ① don't
　② drink

4 Our school ground is large, but we（ ① ）
 （ ② ）a swimming pool.
 ぼくたちの校庭は広いけれど，水泳プールは
 ありません。

4 ① don't
　② have

解説 「〜がない」＝「〜
を持っていない」と考え
る。

157

7 I can play the recorder.

得点 アップ 「～することができる」の文

- 「～することができる」は，《can+「～する」(動詞)》で表す。
- 疑問文は can を文頭に出して，Can you ...? とする。
  <u>Can you</u> play the recorder? (あなたはリコーダーを演奏できますか。)
  — Yes, I can. / No, I cannot [can't].
  (はい，できます。/ いいえ，できません。)
- 否定文は《cannot [can't] + 「～する」(動詞)》となる。
  I <u>cannot</u> [<u>can't</u>] play the recorder. (わたしはリコーダーを演奏できません。)

問題 (　　)に当てはまる英語を答えなさい。

☐ **1** I (　①　) play the piano. My sister can (　②　) the piano, too.
わたしはピアノがひけます。妹もピアノがひけます。

1 ① can
　② play

解説 play+the+楽器：「(楽器)を演奏する」

☐ **2** (　①　) (　②　) ride a bike?
— Yes, I (　③　).
あなたは自転車に乗れますか。
— はい，乗れます。

2 ① Can
　② you
　③ can

☐ **3** (　①　) your mother (　②　) a computer?
— No, she (　③　).
あなたのお母さんはコンピュータを使うことができますか。— いいえ，できません。

3 ① Can
　② use
　③ cannot[can't]

☐ **4** I (　①　) (　②　) the door. I don't have the key.
ぼくはドアを開けることができません。かぎを持っていないのです。

4 ① cannot[can't]
　② open

8 I'm good at playing tennis.

得点 アップ 「…が得意だ[上手だ]」の文

- I am good at + 教科：「(教科)が得意だ」
- I am good at のあとに《動詞 + ing》を続けると，「~することが得意だ[上手だ]」となる。
- I like のあとに《動詞 + ing》を続けると，「~することが好きだ」となる。

問題 （　）に当てはまる英語を答えなさい。

1 I'm good （　） science.
わたしは理科が得意です。

1 at

2 I'm not very （　） at sports.
ぼくはスポーツがあまり得意ではありません。

2 good
解説 not + very ~「あまり~ない」

3 Haruka is good at （　） English songs.
ハルカは英語の歌を歌うのが上手です。

3 singing
解説 ＝Haruka is a good singer of English songs.

4 My brother and I are good at （　） tennis.
兄とぼくはテニスをするのが上手です。

4 playing
解説 ＝My brother and I are good tennis players.

5 I'm not very good at （　） letters.
わたしは手紙を書くのがあまり得意ではありません。

5 writing
解説 write＞writing(つづりに注意)／drive＞driving

6 I don't like （　） up early.
ぼくは早起きするのが好きではありません。

6 getting
解説 get＞getting(つづりに注意)／run＞running

7 I like （　） with my dog early in the morning.
わたしは朝早くイヌと散歩するのが好きです。

7 walking

9 What is this?

得点アップ 「何ですか？」／「だれですか？」

- 「何ですか？」とたずねるときは，What ...? を用いる。
- 「だれですか？」とたずねるときは，Who ...? を用いる。

問題 （　）に当てはまる英語を答えなさい。

☑★1 （　） is this? ― It's a piggy bank.
　これは何ですか。― 貯金箱です。

☑★2 （　） is that woman?
　― She is Ms. Green. She is our new English teacher.
　あの女の人はだれですか。
　― グリーン先生です。彼女はわたしたちの新しい英語の先生です。

☑3 （　） is your favorite song?
　あなたのお気に入りの歌は何ですか。

☑4 （　） is your hero?
　あなたのヒーローはだれですか。

☑5 （　） do you have in your pocket?
　― I have an apple.
　ポケットには何が入っているのですか。
　― リンゴです。

☑6 （　） do you want for dinner?
　― I want curry and rice.
　夕ごはんは何がいいの。
　― カレーライスが食べたいな。

---

1 What

解説 It'sはIt isの短縮形。What is this? にはIt's ... .と答える。

2 Who

解説 「～先生」は，男性の場合「Mr.＋姓」，女性の場合「Ms.＋姓」で表す。

3 What

4 Who

5 What

解説 You have ___.
→Do you have ___ ?
What do you have?

6 What

160

10 What color(s) do you like?

月 日

社会 理科 算数 英語 国語

得点アップ 「どんな色？」／「何時（に）？」

◆ What color(s) [sport(s), subject(s)] do you like?
（どんな色 [スポーツ，教科] が好きですか。）
◆ What time ...? 「何時（に）...？」と「時刻」をたずねる。

問題 （　）に当てはまる英語を答えなさい。

1 (①) (②) do you have on Friday afternoon?
— We have P.E. and English.
金曜日の午後にはどんな教科がありますか。
— 体育と英語があります。

2 In Canada, (①) (②) do you enjoy in the winter? — We enjoy skating and skiing.
カナダでは，冬にはどんなスポーツを楽しみますか。 — スケートやスキーを楽しみます。

3 (①) (②) do you like?
— I like red.
どんな色が好きですか。
— わたしは赤色が好きです。

4 I get up early every morning.
— (①) (②) do you get up?
ぼくは毎朝早く起きます。
— 何時に起きるのですか。

5 (①) (②) is it today? Wednesday?
— No, it's Thursday.
きょうは何曜日ですか。水曜日ですか。
— いいえ，木曜日ですよ。

1 ① What
② subject(s)

2 ① what
② sport(s)

3 ① What
② color(s)

解説 what subjects [sports, colors]...?は答えが2つ以上であることを予想したたずね方です。

4 ① What
② time

解説 I get up at 6:30. などと答える。

5 ① What
② day

解説 What time is it?
— It's 4:50.(何時ですか。
— 4時50分です。)

161

11 When is your birthday?

月　日

得点 アップ 「いつ?」／「どこ?」

- 「いつ?」とたずねるときは，When ...? を用いる。
- 「どこ?」とたずねるときは，Where ...? を用いる。

問題 (　)に当てはまる英語を答えなさい。

☆1 (　) is your mother's birthday?
— It's August 17th.
あなたのお母さんの誕生日はいつですか。
— 8月17日です。

1 When

解説 August 17th＝
August seventeenth

2 (　) is your sports day?
— It's October 10th.
運動会はいつですか。— 10月10日です。

2 When

☆3 (　) is the post office?
— It's between the station and the hotel.
郵便局はどこですか。
— 駅とホテルの間ですよ。

3 Where

解説 between A and B
「AとBの間に」

4 (　) are my soccer shoes?
— They are under your bed.
ぼくのサッカーシューズはどこにあるのですか。— あなたのベッドの下ですよ。

4 Where

解説 2つ以上のものは，they(「それら」)で受ける。

5 (　) can you see cherry blossoms in Hokkaido? — From the end of April to the beginning of May.
北海道では桜の花はいつ見られますか。
— 4月の終わりから5月の初めまでです。

5 When

解説 You can see ... .
→Can you see ...?
→When can you see ...?
from A to B「AからBまで」

☆6 (　) is Ana from? — She is from Canada.
アナはどこの出身ですか。— カナダです。

6 Where

162

12 How do you come to school?

月 日

得点 アップ 「どのようにして？」「どんなようすか？」

◆ 「どのようにして？」と「方法」をたずねたり，「どんなようすか？」と「状態」をたずねるときは，How ...? を用いる。

How are you? — I'm fine, thank you.

（元気ですか。—ありがとう，元気だよ。）

◆ How old [tall, big, many ＋複数名詞] ...? で，「どのくらい…か。」と「年齢，背の高さ，大きさ，数」などをたずねる。

問題 （　　）に当てはまる英語を答えなさい。

1 (　　) do you come to school?　By bus?

— No, I walk to school.

学校へはどのようにして来るのですか。バス通学ですか。

— いいえ，歩いて来ます。

1 How

解説 「歩いて来る」は，come to schoolのcomeの代わりにwalkを用いる。

2 (　　) is your life in this school?

— It's great.　I'm very happy.

ここでの学校生活はいかがですか。

— 最高です。とても幸せです。

2 How

3 How (　　) is your sister? — She is 16.

あなたのお姉さんは何才ですか。

— 16才です。

3 old

4 How (　　) girls do you have in your soccer team? — We have three girls.

あなたのサッカー部に女の子は何人いますか。

— 3人です。

4 many

5 How (　　) is this magazine?

— It's three hundred yen.

この雑誌はいくらですか。— 300円です。

5 much

解説 「値段」はHow much ...?とたずねる。

13 We have an old castle in our town.

得点 アップ 「わたしたちの町」を紹介する

◆ We have ... in our town.（わたしたちの町には…があります。）
◆ We can 〜 .（わたしたちは〜することができます。）

問題 （　）に当てはまる英語を答えなさい。

1 We （　） a beautiful beach in our town.
ぼくたちの町にはきれいな浜辺があります。

1 have

2 In summer, we can （ ① ） swimming in the sea. We can （ ② ） volleyball on the beach.
夏になると，わたしたちは海で泳ぐのを楽しむことができます。浜辺でバレーボールをすることができます。

2 ① enjoy
② play
解説 enjoy swimming [skiing, skating, hiking, camping]

3 We （ ① ） a lot of snow in （ ② ）.
We （ ③ ） a snow festival in our town.
冬には雪がたくさん降ります。わたしたちの町では雪祭りがあります。

3 ① have
② winter
③ have
解説 a lot of 〜「たくさんの〜」: We have a lot of rain in June.（6月には雨がたくさん降ります。）

4 We can enjoy （ ① ） in the mountains.
We can （ ② ） on the lake.
わたしたちは山でスキーを楽しめます。湖でスケートをすることができます。

4 ① skiing
② skate

5 We （ ① ） to the riverside, and （ ② ） the show of light. It's fantastic.
ぼくたちは川辺へ行って，その光の祭典を楽しみます。とてもすばらしいですよ。

5 ① go
② enjoy

得点 アップ 「道案内」の表現

◆ 「～しなさい」は，いきなり動詞で始める。
Go straight.（まっすぐ行きなさい。）/ Turn right.（右に曲がりなさい。）
◆ Don't ＋動詞...で，「～するな」と「禁止」する。
◆ Let's ＋動詞...で，「（いっしょに）～しましょう」と「勧誘」する。

問題 （　）に当てはまる英語を答えなさい。

★1 Excuse me, （　） is the city hospital?
すみませんが，市民病院はどこにありますか。

★2 （　） straight along this street.
この通りに沿ってまっすぐに行きなさい。

★3 （　） left at the next corner.
次の角で左に曲がりなさい。

4 You can see the city hospital （　） your left.
市民病院は左手に見えてきます。

5 Excuse me, （ ① ） can I get to the castle?
—（ ② ） the bus from here.
すみませんが，お城へはどう行けばいいのでしょうか。— ここからバスに乗りなさい。

★6 （　） cross the street here.
ここで通りを渡ってはいけませんよ。

★7 （　） go to the bus stop together.
— Oh, thank you.
いっしょにバス停まで行きましょう。
— まあ，ありがとうございます。

---

1 where
解説 Excuse me, ...は，見知らぬ人に話しかけるときの決まり文句。

2 Go
3 Turn

4 on
解説 on your left「（進行方向に向かって）左手に」

5 ① how　② Take
解説
get to ～「～に着く」
take＋交通機関「～を利用する」: take a taxi「タクシーに乗る」

6 Don't
7 Let's

15 We played baseball in the park yesterday.

得点 アップ 「〜しました」（肯定文）

◆ 「きのう[先週，去年]〜した」など過去のことがらは，動詞の過去形《動詞 + (e)d》で表す：cleaned / enjoyed / opened / played / visited / washed/ liked

問題 （　　）に当てはまる英語を答えなさい。

☐ **1** We (　　) the birthday party for Tom yesterday.
ぼくたちはきのうトムの誕生日祝いのパーティーを楽しみました。

1 enjoyed

☐ **2** I (　　) my grandmother in the hospital yesterday.
わたしはきのう入院中の祖母を見舞いました。

2 visited
解説 「〜を見舞う」=「〜を訪れる」と考える。

☐ **3** I (　　) at the library yesterday.
ぼくはきのう図書館で勉強しました。

3 studied
解説 study→studied（つづりに注意）/cry→cried

☐ **4** Last Sunday, my father and I (①) the car, and (②) the garage.
先週の日曜日，父とぼくは車を洗い，ガレージのそうじをしました。

4 ① washed
② cleaned

☐ **5** Last Saturday, I (　　) a tennis match with Ms. Green.
先週の土曜日，わたしはグリーン先生とテニスの試合をしました。

5 played

☐ **6** A new convenience store (　　) near my house last month.
先月，新しいコンビニがわたしの家の近くに開店しました。

6 opened
解説 near 〜「〜の近くに」

166

16 We went to the museum yesterday.

月　日

得点 アップ 不規則に変化する過去形

◆ 過去形が不規則に変化する動詞もある。ひとつひとつ覚えていこう。

◆ come → came / drink → drank / eat → ate / get → got / go → went /
make → made / see → saw / swim → swam / have → had /
am [is] → was / are → were

問題 （　）に当てはまる英語を答えなさい。

1 I usually get up early, but this morning I
（　　）up at 9:30.
わたしはいつもは早起きですが，けさは9時
30分に起きました。

2 I（①）very tired last night. I（②）to
bed early.
ぼくはきのうの夜とても疲れていました。ぼ
くは早くねました。

3 Tom（　　）a bad cold last week.
トムは先週ひどいかぜをひいていました。

4 Last year, we（　　）to Okinawa for our
summer vacation.
去年，ぼくたちは夏休みに沖縄へ行きました。

5 We（　　）in the sea, and we played
volleyball on the beach.
海で泳ぎ，浜辺でバレーボールをしました。

6 We（　　）dolphins from the boat.
わたしたちは船からイルカを見ました。

7 We（①）hamburgers. They（②）delicious!
わたしたちはハンバーガーを食べました。
とてもおいしかったです。

1 got
解説 usually「たいてい，ふつうは」
always「いつも」
often「しばしば」
sometimes「ときどき」

2 ① was
② went

3 had
解説 have a cold「かぜをひいている」

4 went

5 swam

6 saw

7 ① ate [had]
② were

167

17 I didn't watch TV yesterday.

得点 アップ 「～しませんでした」(否定文)

- I watched … . の watched の前に didn't を入れ, watched を watch とする。
  I watched TV yesterday. → I didn't <u>watch</u> TV yesterday.
- was [were] …の文は, was [were] のあとに not を置く。短縮形は wasn't [weren't] …となる。

問題 ( )に当てはまる英語を答えなさい。

★
1 Mary had a pencil, but she (①) (②) a pen.
メアリーは鉛筆は持っていましたが, ペンは持っていませんでした。

> **1** ① didn't
> ② have
> **解説**
> had→didn't have

2 We waited for an hour. Mary came, but Tom (①) (②).
わたしたちは1時間待ちました。メアリーは来ましたが, トムは来ませんでした。

> **2** ① didn't
> ② come
> **解説**
> came→didn't come

3 Tom was sick yesterday. He (①) (②) to school. トムはきのうは病気でした。彼は学校へ行きませんでした。

> **3** ① didn't
> ② go
> **解説** 第1文が第2文の「理由」を表している。

★
4 We were hungry after the game, but we ( ) tired.
試合のあと, ぼくたちはおなかをすかせていましたが, 疲れてはいませんでした。

> **4** weren't

5 We went to Mary's house, but she ( ) at home.
わたしたちはメアリーの家に行きましたが, 彼女は家にいませんでした。

> **5** wasn't
> **解説** She is at home.(彼女は在宅している[家にいる]。)

18 Did you sleep well last night?

月　日

得点 アップ 「～しましたか」(疑問文)

◆ You slept ... . の前に Did を置き，slept を sleep とする。
　You slept well. → Did you <u>sleep</u> well?

◆ was [were] ...の文は，主語と was [were] を入れかえて，Was [Were]＋主語 ...? とする。
　You were tired. → Were you tired?

問題 （　）に当てはまる英語を答えなさい。

★ **1** （ ① ）you（ ② ）well last night?
　—Yes, I（ ③ ）. I slept very well.
　昨夜はよくねむれましたか。
　—はい。とてもよくねむれました。

2 I got up early this morning. （ ① ）you
　（ ② ）up early this morning?
　—No, I（ ③ ）.
　わたしはけさ早く起きました。あなたはけさ
　早く起きましたか。
　—いいえ，早く起きませんでした。

3 Where（ ① ）you（ ② ）after school
　yesterday?
　—I（ ③ ）to the shopping mall.
　あなたはきのうの放課後，どこへ行ったので
　すか。— ショッピングモールへ行きました。

★ **4** （ ① ）the test hard?
　—（ ② ）, it（ ③ ）. It was easy.
　テストはむずかしかったですか。
　—いいえ。簡単でした。

1 ① Did
　② sleep
　③ did

解説 「ねむれなかった」のなら，No, I didn't. I didn't sleep very well.などと答える。

2 ① Did
　② get
　③ didn't

3 ① did
　② go
　③ went

4 ① Was
　② No
　③ wasn't

解説 「むずかしかった」のなら，Yes, it was. It was very hard.などと答える。

得点 アップ 「…になりたい」の文

◆ want to be ...の「…」に「職業」を表す語を入れる。
◆ なぜなりたいのかという「理由」もそえる。

問題 （　　）に当てはまる英語を答えなさい。

□ **1** I like children. I (①) to be a children's doctor. (②) do you want to be?
わたしは子どもが好きです。小児科医になりたいです。あなたは何になりたいですか。

1 ① want
　② What

解説 childrenは，childの複数形。

□ **2** I am (①) at cooking. I want to be a (②).
わたしは料理が得意です。コックになりたいです。

2 ① good
　② cook

□ **3** I like music. I want to be a (　).
ぼくは音楽が好きです。音楽家になりたいです。

3 musician

解説 アクセントの位置に注意。músic / musícian

□ **4** I like baseball. I'm a fan of the Giants. I want to be a professional (①) (②).
ぼくは野球が好きです。ジャイアンツのファンです。プロの野球選手になりたいです。

4 ① baseball
　② player

□ **5** Last month, I was in the hospital for three weeks. Everybody in the hospital was very kind to me. I want to be a (　).
先月，わたしは3週間入院しました。病院の人たちはみんなとても親切にしてくれました。わたしは看護師になりたいと思います。

5 nurse

20 I want to join the brass band.

月　日

得点 アップ 「～したい」の文

◆ 「～したい」は，want to のあとに動詞を続ける。
◆ 相手のしたいことをたずねたり，自分のしたいことを伝えるパターンをおさえる。

問題 （　）に当てはまる英語を答えなさい。

★
1 What do you want to do in junior high school?
　— I want to (　　) many friends.
中学校では何をしたいですか。
— 友だちをたくさん作りたいです。

2 I want to (　　) the basketball team.
ぼくはバスケットボール部に入りたいです。

3 I want to (　　) the school festival.
わたしは学園祭を楽しみたいです。

★
4 (　①　) do you want to go for your school trip?
　— I want to go (　②　) Tokyo.
修学旅行にはどこへ行きたいですか。
— 東京へ行きたいです。

5 (　①　) do you want to (　②　) in Tokyo?
　— I (　③　) (　④　) go up the Tokyo Skytree.
東京では何をしたいですか。
— 東京スカイツリーに登りたいです。

1 make

2 join

3 enjoy

4 ① Where
　② to

5 ① What
　② do
　③ want
　④ to

解説　do you wantのdoは疑問文を作るdoで，to doのdoは「～をする」という動詞。動詞のdo：do my homework「宿題をする」/do judo「柔道をする」

1 漢字の読み（1）

問題 次の太字の漢字の読みをひらがなで書きなさい。

- □ **1** **著**しい成長。　　　（いちじる）
- □★**2** **直**ちに出発する。　（ただ）
- □ **3** 仕事を**任**せる。　　（まか）
- □ **4** 仏像を**拝**む。　　　（おが）
- □ **5** かばんを**提**げる。　（さ）
- □ **6** 踊りの**所作**。　　　（しょさ）
- □ **7** 評価に**値**する。　　（あたい）
- □ **8** **点呼**をとる。　　　（てんこ）
- □ **9** **厳**かな祝典。　　　（おごそ）
- □ **10** 火に油を**注**ぐ。　　（そそ）

- □ **11** **取捨**選択する。　　（しゅしゃ）
- □ **12** **意図**を読み取る。　（いと）
- □★**13** 山の**頂**が見える。　（いただき）
- □ **14** 勇気を**奮**う。　　　（ふる）
- □ **15** 運命に身を**委**ねる。（ゆだ）
- □ **16** **気位**が高い。　　　（きぐらい）
- □ **17** **地味**な色の服。　　（じみ）
- □★**18** **険**しい表情。　　　（けわ）
- □ **19** 出題の**傾向**。　　　（けいこう）
- □★**20** 布が赤く**染**まる。　（そ）

問題 次の太字の漢字の読みをひらがなで書きなさい。

- □ **1** **厳**しい競争。　　　（きび）
- □ **2** 薬の**効能**。　　　　（こうのう）
- □ **3** **徒党**を組む。　　　（ととう）
- □ **4** 職を**辞**した。　　　（じ）
- □ **5** **見聞**を広める。　　（けんぶん）
- □★**6** スマホを**重宝**する。（ちょうほう）
- □★**7** 新説を**唱**える。　　（とな）
- □ **8** **破竹**の勢い。　　　（はちく）
- □ **9** 核兵器の**廃棄**。　　（はいき）
- □ **10** 作戦を**練**る。　　　（ね）

- □★**11** 危険な**気配**。　　　（けはい）
- □ **12** 予定を日**延**べする。（の）
- □★**13** 強い**口調**。　　　　（くちょう）
- □ **14** 兵を**率**いる。　　　（ひき）
- □ **15** 人を**裁**く検事。　　（さば）
- □★**16** **署名**運動。　　　　（しょめい）
- □★**17** 藤の花が**垂**れる。　（た）
- □ **18** 難局を**打開**する。　（だかい）
- □★**19** 危険を**察知**した。　（さっち）
- □ **20** 試験本番に**臨**む。　（のぞ）

得点 アップ　特別な読みの漢字！

- ◆ 祝詞（のりと），境内（けいだい），供物（くもつ），下手（へた），上手（じょうず）
- ◆ 手向（たむ）ける，問屋（とんや），眼鏡（めがね），行方（ゆくえ）

2 漢字の読み（2）

入試重要度 ■■□

月　日

問題 次の太字の漢字の読みをひらがなで書きなさい。

☐ **1** **細工**を凝らす。（さいく）
☐ **2** **街**並みを保存する。（まち）
☐ **3** **支障**を来す。（ししょう）
☐ **4** **破格**の待遇。（はかく）
☐ **5** 言い**訳**無用。（わけ）
☐ **6** **分別**のある行動。（ふんべつ）
☐ **7** **気高**い心をもつ。（けだか）
☐ **8** **茶番**を演じる。（ちゃばん）
☐ **9** **病**が治る。（やまい）
☐ **10** 公衆の**面前**。（めんぜん）

☐ **11** 読書に**専念**する。（せんねん）
☐ **12** **世間**のうわさ。（せけん）
☐ **13** **弱音**をはく。（よわね）
☐ **14** **志**を立てる。（こころざし）
☐ **15** **潮風**にあたる。（しおかぜ）
☐ **16** 責任を**負**う。（お）
☐ **17** 水**浴**びをする。（あ）
☐ **18** **紅葉**が色づく。（もみじ）
☐ **19** 話が**重複**する。（ちょうふく）（じゅうふく）
☐ **20** **頭角**を現す。（とうかく）

問題 次の太字の漢字の読みをひらがなで書きなさい。

☐ **1** **家路**をたどる。（いえじ）
☐ **2** 木造の**家屋**。（かおく）
☐ **3** SNSで**拡散**する。（かくさん）
☐ **4** **金品**を授受する。（きんぴん）
☐ **5** 国民の**支持**を失う。（しじ）
☐ **6** **異論**を認める。（いろん）
☐ **7** **机上**の空論。（きじょう）
☐ **8** **潔**い決断。（いさぎよ）
☐ **9** 絵画の**複製**。（ふくせい）
☐ **10** 水面に姿を**映**す。（うつ）

☐ **11** 食堂を**営**む。（いとな）
☐ **12** **武者**ぶるい。（むしゃ）
☐ **13** **戸外**で遊ぶ。（こがい）
☐ **14** 看護学を**修**める。（おさ）
☐ **15** 思わず**身構**えた。（みがま）
☐ **16** **成仏**を祈る。（じょうぶつ）
☐ **17** 鳥が**群**れて飛ぶ。（む）
☐ **18** **日長**を楽しむ。（ひなが）
☐ **19** **内輪**もめが起こる。（うちわ）
☐ **20** 将来を**担**う人材。（にな）

得点 アップ 特別な読みの漢字！

◆行灯（あんどん），大和（やまと），今朝（けさ），河原（かわら），迷子（まいご）
◆風情（ふぜい），生糸（きいと），行脚（あんぎゃ），海女（あま）

問題 次の太字の漢字の読みをひらがなで書きなさい。

□ ★**1** **切実**な願い。 （せつじつ）
□ **2** 現地に**赴**く。 （おもむ）
□ **3** 日本の**基幹**産業。 （きかん）
□ ★**4** **悪寒**がする。 （おかん）
□ **5** 正確**無比**な機械。 （むひ）
□ ★**6** 一念**発起**する。 （ほっき）
□ **7** **大海原**。 （おおうなばら）
□ **8** 捕手は守りの**要**。 （かなめ）
□ **9** **際限**なく語る。 （さいげん）
□ **10** **賛否**を問う。 （さんぴ）
□ **11** **日課**の散歩。 （にっか）
□ **12** **加勢**を頼む。 （かせい）
□ ★**13** **苦渋**の決断。 （くじゅう）
□ **14** 敗戦に**奮起**した。 （ふんき）
□ **15** **率先**して行動する。（そっせん）
□ **16** **公私**混同しない。 （こうし）
□ ★**17** 彼を委員長に**推**す。（お）
□ **18** **傷**あとが残る。 （きず）
□ ★**19** この**辺**りは安全だ。（あた）
□ ★**20** 校庭を**開放**する。 （かいほう）

問題 次の太字の漢字の読みをひらがなで書きなさい。

□ ★**1** **汽笛**を聞く。 （きてき）
□ **2** **窓辺**を照らす太陽。（て）
□ **3** **効率**のよい作業。 （こうりつ）
□ ★**4** 教育**課程**を終える。（かてい）
□ **5** 無理な**態勢**。 （たいせい）
□ **6** あれこれ**画策**する。（かくさく）
□ ★**7** 的を**射**た発言。 （い）
□ ★**8** 別れを**告**げる。 （つ）
□ ★**9** 暑さに**閉口**する。 （へいこう）
□ **10** 座席を**設**ける。 （もう）
□ **11** 政治が**混迷**する。 （こんめい）
□ **12** **胸**の内を**察**する。 （さっ）
□ ★**13** パソコンを**操作**する。（そうさ）
□ **14** **事態**を**掌握**する。 （しょうあく）
□ **15** **博識**な人物。 （はくしき）
□ **16** いじめを**放任**した。（ほうにん）
□ ★**17** **至近**距離から投じる。（しきん）
□ **18** **尺度**を変える。 （しゃくど）
□ **19** 父は**上背**がある。 （うわぜい）
□ ★**20** 正月に**帰省**する。 （きせい）

得点 アップ 特別な読みの漢字！

◆ 果物（くだもの），小豆（あずき），雑魚（ざこ），意気地（いくじ）
◆ 八百長（やおちょう），秋刀魚（さんま），五月雨（さみだれ），流石（さすが）

4 漢字の読み（4）

入試重要度
月　日

問題 次の太字の漢字の読みをひらがなで書きなさい。

☑ **1** 責任を**逃**れる。　（ のが ）
☑ **2** **往来**を歩く。　（おうらい）
☑★**3** ベンチで**待機**する。（ たいき ）
☑★**4** **著名**人に会う。　（ちょめい）
☑★**5** いすに**反**り返る。　（ そ ）
☑ **6** 歴史の**伝承**。　（でんしょう）
☑ **7** ピアノの**独奏**。　（どくそう）
☑ **8** **功績**をたたえる。（こうせき）
☑ **9** 目を**細**める。　（ ほそ ）
☑ **10** 作品を**模造**する。（もぞう）

☑ **11** 時代の**潮流**。　（ちょうりゅう）
☑★**12** **度胸**試し。　（どきょう）
☑ **13** 本を**朗読**する。　（ろうどく）
☑ **14** **文句**の多い人。　（もんく）
☑ **15** **竹刀**を手に取る。（しない）
☑ **16** **故郷**をなつかしむ。（こきょう）
☑ **17** 出席が**不可欠**。　（ふかけつ）
☑ **18** 夏の**風物**。　（ふうぶつ）
☑ **19** **耳目**を集める。　（じもく）
☑★**20** 場が**和**む。　（ なご ）

問題 次の太字の漢字の読みをひらがなで書きなさい。

☑★**1** 必死の**形相**。　（ぎょうそう）
☑ **2** **身内**だけで祝う。（みうち）
☑★**3** 人が**群**がる。　（ むら ）
☑ **4** **画期的**な作品。　（かっきてき）
☑ **5** 物語の**背景**。　（はいけい）
☑ **6** **険悪**な空気になる。（けんあく）
☑★**7** 果物が**熟**した。　（ じゅく ）
☑ **8** **類似**品を探す。　（るいじ）
☑ **9** **肺活量**を測定。　（はいかつ）
☑ **10** **日誌**を書く。　（ にっし ）

☑ **11** **感染**が**拡大**した。（かんせん）
☑ **12** **呼吸**が**乱**れる。　（ みだ ）
☑★**13** **医療従事**者。　（じゅうじ）
☑ **14** **情報**をつかむ。　（じょうほう）
☑ **15** **正装**で出席する。（せいそう）
☑ **16** **感謝**のことば。　（かんしゃ）
☑★**17** **血糖**値が高い。　（けっとう）
☑ **18** **真相**に**迫**る。　（しんそう）
☑ **19** **出典**を調べる。　（しゅってん）
☑★**20** 病人を**看**る。　（ み ）

得点 アップ 特別な読みの漢字！

◆ 人参（にんじん），早生（わせ），時計（とけい），算盤（そろばん），終う（しまう）
◆ 乳母（うば），母屋（おもや），師走（しわす），梅雨（つゆ），時雨（しぐれ）

問題 次の太字のカタカナを漢字で書きなさい。

☑ **1** 心に**キザ**む。 （ 刻 ）

☑ **2** **ヒミツ**をあばく。 （ 秘密 ）

☑ **3** 消化**キカン**の検査。 （ 器官 ）

☑ **4** **ボケツ**をほる行為。 （ 墓穴 ）

☑ **5** ドラマの**スジガ**き。 （ 筋書 ）

☑ **6** セーターを**ア**む。 （ 編 ）

☑ **7** 主君の**カタキ**討ち。 （ 敵 ）

☑ **8** **センレン**された技術。 （ 洗練 ）

☑ **9** 兄を**セ**める。 （ 責 ）

☑ **10** **テンカイ**図をかく。 （ 展開 ）

☑ **11** 賛成の手を**ア**げる。 （ 挙 ）

☑ **12** 大**キボ**な地震。 （ 規模 ）

☑ **13** 昨年に**ツ**ぐ豊作。 （ 次 ）

☑ **14** **キチョウ**な体験。 （ 貴重 ）

☑ **15** **ケイショウ**地を観光する。（ 景勝 ）

☑ **16** **セイケツ**さを保つ。 （ 清潔 ）

☑ **17** 衣類を**シュウノウ**する。（ 収納 ）

☑ **18** お**ミヤゲ**を買う。 （ 土産 ）

☑ **19** 優秀な**ズノウ**。 （ 頭脳 ）

☑ **20** **ドクソウ**的な考え。 （ 独創 ）

問題 次の太字のカタカナを漢字で書きなさい。

☑ **1** 欠員を**オギナ**う。 （ 補 ）

☑ **2** **シロウト**の考え。 （ 素人 ）

☑ **3** **シンコク**に悩む。 （ 深刻 ）

☑ **4** **キケン**な作業。 （ 危険 ）

☑ **5** 重大な**ニンム**。 （ 任務 ）

☑ **6** 元気な**ワコウド**。 （ 若人 ）

☑ **7** **ホウタイ**を巻く。 （ 包帯 ）

☑ **8** **ホウフ**な知識。 （ 豊富 ）

☑ **9** **キンベン**な労働者。 （ 勤勉 ）

☑ **10** 意見に**イギ**を唱える。（ 異議 ）

☑ **11** **オウフク**切符。 （ 往復 ）

☑ **12** 信頼を**キズ**く。 （ 築 ）

☑ **13** 手紙を**ハイケン**する。（ 拝見 ）

☑ **14** 世間の**フウチョウ**。 （ 風潮 ）

☑ **15** 楽団を**シキ**する。 （ 指揮 ）

☑ **16** 水分を**ホキュウ**する。（ 補給 ）

☑ **17** **セリフ**を覚える。 （ 台詞 ）

☑ **18** 海は資源の**ホウコ**だ。（ 宝庫 ）

☑ **19** **チョウワ**がとれる。 （ 調和 ）

☑ **20** 日が**ク**れる。 （ 暮 ）

得点 アップ 字の形が似ている漢字！

◆副（ふく）・福（ふく） ◆知（ち）・智（ち） ◆検（けん）・険（けん）・剣（けん）

◆講（こう）・溝（こう・みぞ） ◆性（せい）・姓（せい）

社会｜理科｜算数｜英語｜国語

問題 次の太字のカタカナを漢字で書きなさい。

☆**1** 捕手が**カマ**える。　　（構）

2 筆を**オ**いた。　　　（置）

☆**3** **テンラン**会に出品する。（展覧）

☆**4** **オサナ**い子ども。　（幼）

5 **ナイカク**総理大臣。　（内閣）

6 **セイトウ**派の学説。　（正統）

7 事故で**ケイショウ**を負う。（軽傷）

☆**8** **シセイ**を正される。　（姿勢）

9 礼ぎ**サホウ**。　　　（作法）

10 災害**フッコウ**。　　（復興）

☆**11** 祭りの**ダシ**が出る。（山車）

12 優勝に**コウフン**する。（興奮）

☆**13** 天気を**ヨソク**する。（予測）

14 **チャクジツ**な歩み。　（着実）

15 **メンミツ**な調査。　（綿密）

☆**16** ロボットを**アヤツ**る。（操）

17 議論の**カクシン**。　（核心）

18 時間の**カンネン**がない。（観念）

☆**19** 機会**キントウ**を図る。（均等）

20 お坊さんの**ドキョウ**を聞く。（読経）

問題 次の太字のカタカナを漢字で書きなさい。

☆**1** **ケンゼン**な生活。　（健全）

2 **サップウケイ**な家。（殺風景）

☆**3** 先生の言葉を気に**ト**める。（留）

4 山の**チュウフク**。　（中腹）

5 **セイジツ**な人物。　（誠実）

6 絶好の行楽**ビヨリ**。（日和）

7 鉄の**サンカ**を防止する。（酸化）

8 命の**オンジン**。　　（恩人）

☆**9** **カクシキ**のある家。（格式）

10 行動を**ジチョウ**する。（自重）

☆**11** 料金を**セイサン**する。（精算）

12 **ノウリ**に浮かぶ。　（脳裏）

13 衣服を**ショブン**する。（処分）

14 会長に**シュウニン**する。（就任）

15 争いを**チョウテイ**する。（調停）

16 魚を**シイク**する。　（飼育）

☆**17** **コンナン**な課題。　（困難）

18 **ヨウト**に応じた道具。（用途）

19 **フブキ**で視界が悪くなる。（吹雪）

20 大洋を**コウカイ**する。（航海）

得点アップ 字の形が似ている漢字！

◆考（こう）・孝（こう）・老（ろう）　◆住（じゅう）・往（おう）・佳（けい）

◆管（かん）・官（かん）　◆巻（かん）・券（けん）

問題 次の太字のカタカナを漢字で書きなさい。

- ☆**1** 多少の**ゴサ**は許容する。（誤差）
- **2** 新**ザイゲン**を確保した。（財源）
- ☆**3** **ギム**教育を修了した。（義務）
- ☆**4** データを**キョウユウ**する。（共有）
- ☆**5** 消火**クンレン**をする。（訓練）
- **6** 交通**キソク**を守る。（規則）
- **7** 作品の**ヒョウカ**。（評価）
- **8** 疲労**ギミ**で休む。（気味）
- **9** 息詰まるような**セッセン**。（接戦）
- **10** 馬の耳に**ネンブツ**（念仏）
- **11** **テキイ**をむき出しにする。（敵意）
- **12** セミの**ヨウチュウ**。（幼虫）
- **13** **フダン**通りの行動。（普段）
- ☆**14** 不安の**カイショウ**。（解消）
- **15** 職人**キシツ**をもつ。（気質）
- **16** **キョウリ**に帰る。（郷里）
- **17** 意見に**ナットク**する。（納得）
- **18** **ケイシ**庁の刑事。（警視）
- ☆**19** 母に**テイアン**する。（提案）
- **20** **モメン**の衣服。（木綿）

問題 次の太字のカタカナを漢字で書きなさい。

- ☆**1** 公園を**サンサク**する。（散策）
- **2** 父はもの**マネ**上手だ。（真似）
- **3** **ギョウセキ**が良い。（業績）
- **4** 人権を**ソンチョウ**する。（尊重）
- **5** **ヒツゼン**性がある。（必然）
- **6** **シンセイ**な教会。（神聖）
- **7** 工場を**ササツ**する。（査察）
- **8** **シテン**を変えて見る。（視点）
- **9** 雨天**ジュンエン**。（順延）
- ☆**10** **ユダン**をしてはいけない。（油断）
- **11** 国の**キョウカイ**線。（境界）
- **12** 年**オ**いた祖父。（老）
- **13** **コウサン**はしない。（降参）
- **14** 真理を**ツイキュウ**する。（追究）
- **15** **ドクリョク**で達成する。（独力）
- **16** **マゴコロ**を込める。（真心）
- **17** 受験を**ケツイ**する。（決意）
- **18** 水分が**ジョウハツ**する。（蒸発）
- **19** **デントウ**の一戦。（伝統）
- ☆**20** 製品の**ホショウ**書。（保証）

得点 アップ 誤用しやすい漢字！

- てき（敵・摘・適）
- さかい（堺・境）
- はかる（図・測・量）
- せき（積・績・責）
- しょう（障・証・象・照・称）

8 漢字の書き（4）

入試重要度 ■■
月 日

問題 次の太字のカタカナを漢字で書きなさい。

□★**1** ジョウホウの提供。ていきょう（情報）

□ **2** 国語ジショを愛用する。あいよう（辞書）

□ **3** 行進をセンドウする。（先導）

□ **4** チームをタバねる。（束）

□★**5** 複雑なシンキョウ。ふくざつ（心境）

□ **6** カチある発見だ。（価値）

□ **7** 民主主義のゲンリ。（原理）

□★**8** シンケンに考える。（真剣）

□ **9** 日本をジュウダンする。（縦断）

□ **10** 思うゾンブン味わう。（存分）

□ **11** リロ整然と説明する。（理路）

□ **12** タンケン隊に参加する。（探検）

□★**13** 町のチアンが良い。（治安）

□ **14** 荷物をセオう。（背負）

□ **15** セイヤクが多い。（制約）

□ **16** ゲキテキな試合だった。（劇的）

□ **17** 調査にカイトウする。（回答）

□ **18** ショウジキな人物。（正直）

□ **19** 良いココチがする。（心地）

□ **20** 首相のダンワ。しゅしょう（談話）

問題 次の太字のカタカナを漢字で書きなさい。

□ **1** シオの干満。かんまん（潮）

□ **2** ブナンな出来栄え。できばえ（無難）

□ **3** 湯のカゲンをみる。（加減）

□ **4** 余裕のアシドり。よゆう（足取）

□ **5** コイにうそをつく。（故意）

□ **6** 図書館のゾウショ。（蔵書）

□★**7** 期間をノばす。（延）

□ **8** ケイトウ的な学習。（系統）

□ **9** ミチへのあこがれ。（未知）

□★**10** 電車のモケイを作る。（模型）

□ **11** ゲンカクな家庭。（厳格）

□ **12** 欠点をジカクする。（自覚）

□ **13** タイショウ的な性格の姉妹。（対照）

□ **14** ヒョウバンが良い。（評判）

□ **15** 意味をキョウチョウする。（強調）

□ **16** コクルイを栽培する。さいばい（穀類）

□ **17** 派手なカッコウだ。はで（格好）

□ **18** 美しいケシキ。（景色）

□ **19** 共同サンカク社会。（参画）

□ **20** ソシナを送る。（粗品）

得点 アップ 書き誤りやすい漢字！あやま

◆ 一心同体（心と身），異口同音（口と句），音楽鑑賞（鑑と観），偶然（偶と遇）かんしょう　ぐうぜん

◆ 縮小（小と少），徐行（徐と除），心機一転（機と気），絶体絶命（体と対）しゅくしょう　じょこう　ぜったいぜつめい

9 類義語・対義語 （1）

月　日

問題 次の言葉の類義語を選んで，記号で答えなさい。

☐ **1** 手段（**ア** 方法　　**イ** 用意　　**ウ** 結果）

☐ **2** 察知（**ア** 承知　　**イ** 感知　　**ウ** 観察）

☐ **3** 時間（**ア** 未来　　**イ** 過去　　**ウ** 時刻）

☐ **4** 任務（**ア** 責務　　**イ** 責任　　**ウ** 任命）

☐ **5** 進歩（**ア** 退行　　**イ** 向上　　**ウ** 達成）

問題 次の言葉の対義語を選んで，記号で答えなさい。

☐ **6** 悪評（**ア** 評判　　**イ** 講評　　**ウ** 好評）

☐★ **7** 感情（**ア** 冷静　　**イ** 理性　　**ウ** 温和）

☐ **8** 圧勝（**ア** 完敗　　**イ** 全敗　　**ウ** 完勝）

☐ **9** 質問（**ア** 応答　　**イ** 解説　　**ウ** 理解）

☐★ **10** 形式（**ア** 方法　　**イ** 構成　　**ウ** 内容）

問題 次の言葉の類義語を漢字で書きなさい。

☐ **11** 運命　　　　　　☐ **14** 重宝

☐ **12** 美点　　　　　　☐ **15** 興味

☐ **13** 合法　　　　　　☐ **16** 平等

問題 次の言葉の対義語を漢字で書きなさい。

☐ **17** 延長　　☐ **20** 複雑　　☐ **23** 帰着

☐★ **18** 義務　　☐ **21** 公転　　☐ **24** 自立

☐ **19** 横断　　☐ **22** 一般　　☐ **25** 異性

1	ア
2	イ
3	ウ
4	ア
5	イ
6	ウ
7	イ
8	ア
9	ア
10	ウ
11	宿命
12	長所
13	適法
14	便利
15	関心
16	公平
17	短縮
18	権利
19	縦断
20	単純
21	自転
22	特殊
23	出発
24	依存
25	同性

得点 アップ 同じ漢字を含む類義語

◆ 初歩＝初期　新人＝新米　自然＝天然　同意＝賛同　有名＝著名
◆ 適当＝適切　面接＝面談　未来＝将来　質素＝簡素

10 類義語・対義語 （2）

月　日

社会 | 理科 | 算数 | 英語 | 国語

問題 次の言葉の類義語を選んで，記号で答えなさい。

☐ **1** 経験 （ア 体験　イ 実習　ウ 状態）

☐ **2** 制限 （ア 期限　イ 制裁　ウ 制約）

☐ **3** 真実 （ア 真理　イ 真相　ウ 現実）

☐ **4** 採取 （ア 採集　イ 採用　ウ 取得）

☐ **5** 基準 （ア 中立　イ 標準　ウ 規則）

問題 次の言葉の対義語を選んで，記号で答えなさい。

☐ **6** 解散 （ア 閉鎖　イ 解放　ウ 召集）

☐ **7** 強硬 （ア 柔軟　イ 軟化　ウ 貧弱）

☐★**8** 自然 （ア 天然　イ 加工　ウ 人工）

☐ **9** 安全 （ア 危険　イ 危害　ウ 不安）

☐★**10** 主観 （ア 観点　イ 客観　ウ 観念）

問題 次の言葉の類義語を漢字で書きなさい。

☐★**11** 所得　　　　　☐ **14** 改良

☐ **12** 総力　　　　　☐ **15** 門弟

☐ **13** 利益　　　　　☐ **16** 内向

問題 次の言葉の対義語を漢字で書きなさい。

☐ **17** 副業　　☐ **20** 中央　　☐ **23** 分析

☐★**18** 予習　　☐★**21** 共同　　☐★**24** 絶対

☐ **19** 任意　　☐ **22** 緯度　　☐ **25** 静止

1	ア
2	ウ
3	イ
4	ア
5	イ
6	ウ
7	ア
8	ウ
9	ア
10	イ
11	収入
12	全力
13	収益
14	改善
15	弟子
16	内気
17	本業
18	復習
19	強制
20	地方
21	単独
22	経度
23	総合
24	相対
25	運動

得点 アップ 同じ漢字を含む対義語

◆ 主食⇔副食　直列⇔並列　退場⇔入場　楽観⇔悲観　軽視⇔重視

◆ 過度⇔適度　合法⇔違法　往信⇔返信　失効⇔発効　与党⇔野党

181

問題 次の文の――線部のカタカナにあてはまる漢字をそれぞれ選んで，記号で答えなさい。

□ **1** シュウシ一貫した言動。

　ア 終始　　イ 終止　　ウ 収支

□ **2** 昆虫のセイタイ調査をする。

　ア 生態　　イ 生体　　ウ 成体

□ **3** 会社の利益をツイキュウする。

　ア 追求　　イ 追究　　ウ 追及

□★**4** 病気がカイホウに向かう。

　ア 解放　　イ 快方　　ウ 介抱

□ **5** 有名なキコウ文を読む。

　ア 気候　　イ 寄港　　ウ 紀行

1	ア
2	ア
3	ア
4	イ
5	ウ

解説「同音異義語」とは，発音は同じだが意味のちがう語のこと。

問題 次の――線部のカタカナを漢字に直しなさい。

□ **6** ①先生がカテイ訪問に来られた。

　②結果よりもカテイが重要だ。

□★**7** ①1年分の税金をオサめる。

　②大学で心理学をオサめる。

□ **8** ①学習のセイカが現れ合格できた。

　②セイカ市場に買い物に行った。

□ **9** ①キジュンを上回る毒物が検出された。

　②学生の行動のキジュンを示す。

□★**10** ①家具の寸法をハカる。

　②自身の体重をハカる。

6	①家庭
	②過程
7	①納
	②修
8	①成果
	②青果
9	①基準
	②規準
10	①測
	②量

得点アップ よく出る同音異義語

◆タイセイ（体制，大成，態勢，大勢，体勢，大政，退勢，耐性）

◆カイホウ（開放，解放，快方，解法，介抱）

問題 次の文の——線部のカタカナにあてはまる漢字をそれぞれ選んで，記号で答えなさい。

社会
理科
算数
英語
国語

☑ **1** 今年の夏はとても<u>アツ</u>い。

　　ア 熱　　イ 厚　　ウ 暑

☑★**2** はさみで布を<u>タ</u>つ。

　　ア 裁　　イ 立　　ウ 断

☑ **3** キャプテンを<u>ツト</u>める。

　　ア 努　　イ 務　　ウ 勤

☑★**4** 草花を<u>ト</u>って観察する。

　　ア 取　　イ 捕　　ウ 採

☑ **5** 家業を<u>ツ</u>ぐ。

　　ア 継　　イ 接　　ウ 次

1 ウ

2 ア

3 イ

4 ウ

5 ア

解説 「同訓異字」とは，異なる字でありながら，訓で読む時に同じ発音になる字のこと。

問題 次の——線部のカタカナを漢字に直しなさい。

☑ **6** ①船が港に<u>ツ</u>いた。

　　②卒業して仕事に<u>ツ</u>いた。

☑★**7** ①友人のノートを<u>ウツ</u>させてもらう。

　　②鏡に姿を<u>ウツ</u>す。

☑ **8** ①突然姿を<u>アラワ</u>す。

　　②喜びを顔に<u>アラワ</u>す。

☑ **9** ①古くからの<u>カンシュウ</u>に従う。

　　②大<u>カンシュウ</u>の声援に力を得る。

☑★**10** ①卒業後の<u>シンロ</u>を決める。

　　②船の<u>シンロ</u>を南に変える。

6 ①着

　　②就

7 ①写

　　②映

8 ①現

　　②表

9 ①慣習

　　②観衆

10 ①進路

　　②針路

得点 アップ よく出る同訓異字

◆ かえる(変える，替える，代える)　◆ しめる(占める，締める，閉める)

◆ あける(開ける，空ける，明ける)　◆ つくる(作る，造る，創る)

13 主語・述語・修飾語

問題 次の各文の主語と述語を記号で答えなさい。

☐ **1** ア4月から イ私は ウ念願の エ中学生です。
☐ **2** ア私は イ通り過ぎる ウ電車を エじっと オ見ていた。
☐ **3** ア今日の イ遠足は ウ台風の エために オ中止だ。
☐ **4** ア先生から イいただいた ウ手紙を エ母が オ読んだ。
☐ **5** ア窓から イ見える ウ景色は エとても オきれいだ。
☐ **6** ア弟も イみんなと ウ富士山に エ登った。
☐ **7** ア青葉が イ青々と ウおいしげる。
☐ **8** ア春は イさくらの ウ花が エきれいだ。
☐ **9** アきれいだね、 イ夏の ウ海の エ色は。
☐ **10** ア母に イ弟が ウきつく エしかられた。

1 主語イ / 述語エ
2 主語ア / 述語オ
3 主語イ / 述語オ
4 主語エ / 述語オ
5 主語ウ / 述語オ
6 主語ア / 述語エ
7 主語ア / 述語ウ
8 主語ウ / 述語エ
9 主語エ / 述語ア
10 主語イ / 述語エ

問題 次の各文の下線部が修飾する言葉を答えなさい。

☐ **11** 高原の 白い 雪景色が きれいだ。
☐ **12** 私の 小さい時の アルバムが 見つかった。
☐ **13** 君は さらに 速く 走れるよう 努力すべきだ。
☐ **14** 庭の 梅が 初めて さいた。
☐ **15** 家に 帰ったら しっかりと 手を 洗おう。
☐ **16** 思いを かくさずに 相手に 伝える。
☐ **17** 貧富の 差が 徐々に 縮まる。
☐ **18** もっと 右側を 通りましょう。
☐ **19** さきほど 先生を 町で 見かけた。
☐ **20** 急いだので ちょうど 電車に 間に合った。

11 雪景色が
12 アルバムが
13 速く
14 さいた
15 洗おう
16 伝える
17 縮まる
18 右側を
19 見かけた
20 間に合った

得点アップ 注意したい文の組み立て

◆主語がない文：明日こそ学校へ行きなさい。 ／ 窓から見るときれいだ。
◆主語と述語が複数ある文：主私は 主父が 述教えてくれたので 野球が 述上達した。

184

社会
理科
算数
英語
国語

問題 次の文の副詞を答えなさい。

☑ **1** 首尾よく話をつけることができた。

☑ **2** 長い道のりだったが, ようやく山頂についた。

☑ **3** もし雨が降れば, 試合は中止です。

☑ **4** 文章の要点をとてもうまくまとめられた。

☑ **5** 父は, 何事にも動じずにどっしりとかまえている。

☑ **6** 転倒したが, 幸いなことになんともなかった。

☑ **7** おおよそ問題解決の手順が見えてきた。

☑ **8** どうにか解決したいが, 私だけでは荷が重い。

1 首尾よく

2 ようやく

3 もし

4 とても

5 どっしりと

6 なんとも

7 おおよそ

8 どうにか

問題 次の各文の擬声語や擬態語を答えなさい。

☑ **9** このすべり台は, つるつるとよくすべる。

☑ **10** だれかが私の顔をじろじろと見ている。

☑ **11** 母は, 何事もてきぱきと素早く処理する。

☑ **12** 急にごろごろと雷鳴がとどろいた。

9 つるつると

10 じろじろと

11 てきぱきと

12 ごろごろと

問題 次の各文の(　)に適切な言葉を〔　〕から選んで,文を完成させなさい。

☑ **13** ろう下では(　)走らないようにする。

☑ **14** 緊張して, 心臓が(　)胸を打つ。

☑ **15** 掃除中に, コップを落として(　)音がした。

☑ **16** ピアノの演奏後, 一斉に(　)拍手が起こった。

〔ぼんやり どきどきと パチパチと ガチャンと ばたばたと〕

13 ばたばたと

14 どきどきと

15 ガチャンと

16 パチパチと

得点 アップ 覚えておきたい副詞の種類

◆状態:しばらく・ほのぼのと　◆程度:とても・少し　◆打ち消し:けっして(ない)
◆打ち消し推量:まさか(ないだろう)　◆疑問:どうして・なぜ
◆仮定:もし・仮に　◆推量:たぶん・おそらく　◆願望:どうか・ぜひ

15 助詞・助動詞 （1）

問題 次の文の（　　）に適切な助詞を入れて文を完成させなさい。

☐ **1** 台所（　　）夕飯を食べる。

☐ **2** 雨が降っ（　　），試合が延期になった。

☐ **3** 今年も庭に一輪のきれいな花（　　）さいた。

☐ **4** 待ちに待った運動会（　　）いよいよ明日だ。

☐ **5** 今年の夏は暑すぎ（　　）外で遊べない。

1 て

2 て

3 が

4 は

5 て

問題 次の──線部の助動詞のうち，意味や用法が違うものを一つ選びなさい。

☐ **6** ア　明日は雨が降る<u>らしい</u>。

　　イ　あの二人は兄弟<u>らしい</u>が本当だろうか。

　　ウ　どうやら父にもわからない<u>ようだ</u>。

　　エ　明日は寒くなる<u>そうだ</u>。

☐ **7** ア　希望の中学校へ入学し<u>たい</u>。

　　イ　オリンピックの開会式に参加し<u>たかっ</u>た。

　　ウ　友人は私のゲーム機をさわり<u>たがる</u>。

　　エ　あの子はもう家に帰っ<u>たろ</u>う。

6 エ

7 エ

解説 「助動詞」とは，述語などのあとにつき，さまざまな意味をそえる働きをする言葉のこと。

問題 次の各文の（　）に〔　〕で示した種類の助動詞を入れて，文を完成させなさい。

☐ **8** 先生が教室で話さ（　　）。〔尊敬〕

☐ **9** 今，実験が終わっ（　　）ところだ。〔完了〕

☐ **10** この試合の行く末が案じ（　　）。〔自発〕

☐ **11** 空が海の（　　）青い。〔比喩〕

8 れる

9 た

10 られる

11 ように

得点 アップ まぎらわしい語に注意

◆ 目がさめた<u>が</u>（助詞），まだ眠い。 ／ 目がさめた。<u>が</u>（接続詞），まだ眠い。

◆ 寒い<u>けれど</u>（助詞）仕事をした。 ／ 私は無知だ。<u>けれど</u>（接続詞）素直だ。

◆ 今にも泣き<u>そう</u>（助動詞の一部）な顔だ。 ／ 急に<u>そう</u>（副詞）言われても困る。

◆ 物価が上がる<u>らしい</u>（助動詞）。 ／ 父は男<u>らしい</u>（形容詞の一部）人だ。

問題 次の文の（　　）に適切な助詞を入れて文を完成させなさい。

☑ **1** 聖火はいま大阪（　　　）通過した。

☑ **2** 人口は大阪（　　　）東京のほうが多い。

☑ **3** ここから東（　　　）行くと東京駅だ。

☑ **4** とてもいそがしい（　　　）遊べない。

☑ **5** この果物は小さい（　　　）とてもおいしい。

☑ **6** アンケートの提出期限は明日（　　　）だ。

☑ **7** 一見難しそうだが，読め（　　　）わかるよ。

☑ **8** 私は犬（　　　）猫を飼っている。

☑ **9** 歩き（　　　）のスマートフォンの操作は危険だ。

☑ **10** この話は，ここ（　　　）にとどめておいてほしい。

1	を
2	より
3	へ（に）
4	ので（から）
5	けれども（が・のに）
6	まで
7	ば
8	や（と）
9	ながら
10	だけ

問題 次の各文の（　）に〔　〕で示した種類の助動詞を入れて，文を完成させなさい。

☑ **11** 小さいころが思い出さ（　　　）。〔自発〕

☑ **12** 先生が教室に入って来（　　　）た。〔尊敬〕

☑ **13** 来週話し合いが行わ（　　　）ようだ。〔受け身〕

☑ **14** 宿題が明日中にはできそうに（　　　）。〔打ち消し〕

☑ **15** 一休みしてから勉強を始め（　　　）。〔意志〕

☑ **16** 早く家に帰り（　　　）。〔希望〕

☑ **17** 妹は一人でも大丈夫だ（　　　）。〔伝聞〕

☑ **18** 姉は今，高校１年生（　　　）。〔断定〕

☑ **19** 私は，小学生のころは病気がちだっ（　　　）。〔過去〕

☑ **20** 今夜は暑くて寝（　　　）ない。〔可能〕

11	れる
12	られ
13	れる
14	ない
15	よう
16	たい
17	そうだ
18	です（だ）
19	た
20	られ

得点 アップ まぎらわしい語に注意

◆ 雪でも（助詞）降りそうな天気だ。 ／ 高価な品物でも（助動詞＋助詞）ない。
　／ 買いたい。でも（接続詞），お金がない。

◆ やあ，元気そうだな（助詞）。 ／ 歴史ある立派な寺院だ（形容動詞の一部）。
　／ タヌキのような（助動詞の一部）犬だ。

問題 次の文の――線部を適切な敬語表現に変えなさい。なお,( )
に示した字数のひらがなで答えなさい。

□ **1** 料理が冷めないうちに食べてください。(6字)　　**1** めしあがって

□ **2** お宅に午後3時までに行きます。(4字)　　**2** うかがい

□ **3** お年寄りから昔の町の様子を聞いた。(5字)　　**3** うかがった

□ **4** お客様が申されました。(5字)　　**4** おっしゃい

□ **5** 社長は夕方にはもどって来られます。(3字)　　**5** まいり

□ **6** お土産をおいしく食べました。(4字)　　**6** いただき

□ **7** 先生にお礼をやる。(5字)　　**7** さしあげる

□ **8** 先生がクラス全員をお待ちする。(3字)　　**8** になる

問題 次の各文の敬語表現が正しければ○を, まちがっていれば×を書
きなさい。

□ **9** 先生が私に宿題をしてきなさいとおっしゃいました。　　**9** ○

□ **10** お客様の意見を聞く。　　**10** ×(うかがう)

□ **11** この本は, 父に買っていただいたものです。　　**11** ×(もらった)

□ **12** 犬にえさを1日に2回あげる。　　**12** ×(やる)

□ **13** 得意先の社長さんがいらっしゃる。　　**13** ○

□ **14** しばらくこちらでお待ちしてください。　　**14** ×(になって)

□ **15** 私は今年, 6年生になります。　　**15** ○

□ **16** 間もなく井上さまがおいでになる。　　**16** ○

得点 アップ 確実に覚えておきたい敬語表現

◆【尊敬表現】言う→おっしゃる, する→なさる, 食べる→召し上がる,
　見る→ご覧になる, くれる→くださる, 来る→おいでになる(いらっしゃる)
◆【謙譲表現】行く・来る→まいる, する→いたす, 言う→申す
◆【丁寧表現】「です・ます・ございます」を文末に。「お・ご」を語頭につける。

社会

理科

算数

英語

国語

問題 次にあげた外来語（カタカナ）と同じ意味の言葉をあとから選び，記号で答えなさい。

☑ **1** モラル

☑ **2** トラブル

☑ **3** メリット

☑ **4** バーチャル

☑ **5** クオリティー

☑ **6** ニーズ

☑ **7** モチーフ

☑ **8** ボランティア

1 ウ	**5** イ
2 キ	**6** カ
3 オ	**7** ク
4 ア	**8** エ

ア 仮想の　**イ** 品質・性質　**ウ** 道徳

エ 奉仕活動　**オ** 利点　**カ** 欲求・要望

キ 事件・事故　**ク** 動機・主題

解説 「外来語」とは，外国語だったものが日本に伝わり，日本語の中で使われてきた言葉のこと。

問題 次の──線部の言葉の意味をあとから選び，記号で答えなさい。

☑ **9** 大学に合格でき，本望をとげた。

☑ **10** 好物はたくさんあるが，とりわけ天丼が好きだ。

☑ **11** 夏休みにはひとつ富士登山でもするか。

☑ **12** 子細らしくする。

☑ **13** 設計の改善に資する。

☑ **14** うそがばれてほうほうの体で立ち去った。

☑ **15** ラグビーの決勝戦はいままさに大詰めを迎えた。

☑ **16** ほめられたのは身に余る光栄だ。

| **9** イ |
| **10** オ |
| **11** ア |
| **12** ウ |
| **13** キ |
| **14** カ |
| **15** エ |
| **16** ク |

ア ためしに　**イ** 本来の望み　**ウ** 何か意味ありげに

エ 終わりの場面　**オ** 多くの中で特に　**カ** あわてふためいて

キ 取り組む　**ク** もったいないほどの

得点アップ 覚えておきたい熟語

◆ 一方の漢字が同じような意味を持つ（画策≒計画，切望≒痛切，逆境≒境地，成果≒効果，列挙≒枚挙）

◆ 適切に使い分けたい熟語（自然・天然・当然・必然・偶然）

◆ 打ち消しの漢字を用いた熟語（未解決・未熟・不利益・不合理・無益・無関心・無学・非合法）

◆ 漢字のしりとり：男→性→質→問→題→材→木→製→作→物→品→格→別

問題 次の□にひらがなを一字ずつ入れると，あとのア〜オの意味を持つ慣用句になる。□に適切な字を入れ，意味を記号で答えなさい。

☐ **1** 手に汗を□□□
☐ **2** 足を□□□
☐ **3** 鼻を□□□
☐ **4** 気が□□□□
☐ **5** 目も□□□□

ア 悪い行いなどをやめて，まともな生活をする。
イ 出しぬいて，あっといわせる。
ウ 緊迫した状況にいて，はらはらする。
エ まったく関心を示さない。
オ 遠慮せずに，楽な気持ちでつきあえる。

1 にぎる・ウ
2 あらう・ア
3 あかす・イ
4 おけない・オ
5 くれない・エ

問題 次の□に漢字を一字入れて，四字熟語を完成させなさい。

☐ **6** 自給□足
☐ **7** 自□自答
☐ **8** 文武□道
☐ **9** 意□投合
☐ **10** □意即妙
☐ **11** 我□引水
☐ **12** 用意□到
☐ **13** 先手□勝

☐ **14** 古□東西
☐ **15** 東奔□走
☐ **16** □外不出
☐ **17** 一石□鳥
☐ **18** 文明開□
☐ **19** 自□自得
☐ **20** 理□整然
☐ **21** □方美人

6 自
7 問
8 両
9 気
10 当
11 田
12 周
13 必

14 今
15 西
16 門
17 二
18 化
19 業
20 路
21 八

問題 次の□に漢字を一字入れて，ことわざや慣用句を完成させなさい。

☐ **21** 時は□なり
☐ **22** 住めば□
☐ **23** □後のたけのこ
☐ **24** 焼石に□
☐ **25** □の上にも三年

☐ **26** 灯台もと□し
☐ **27** □より団子
☐ **28** 青菜に□
☐ **29** 枯れ木も□のにぎわい
☐ **30** 損して□取れ

21 金
22 都
23 雨
24 水
25 石

26 暗
27 花
28 塩
29 山
30 得

問題 次にあげた慣用句の□にあてはまる動物の名前を答えなさい。名前は，漢字でもひらがなでもかまいません。

☑ **1** □が合う　（よく気が合うこと）

☑ **2** □が好かない　（何となく気に入らないこと）

☑ **3** □の一声　（権力者の言った一言で物事が決まること）

☑ **4** □をかぶる　（本来の自分をかくしておとなしそうにふるまうこと）

☑ **5** 張り子の□　（力がないのに，いばるようす）

1 馬（うま）

2 虫（むし）

3 鶴（つる）

4 猫（ねこ）

5 虎（とら）

問題 次にあげたことわざや慣用句の意味をあとから選んで，記号で答えなさい。

☑ **6** 一寸の虫にも五分の魂

☑ **7** 情けは人のためならず

☑ **8** 船頭多くして船山にのぼる

☑ **9** 風が吹けば桶屋がもうかる

☑ **10** 寝た子を起こす

☑ **11** 流れに棹さす

ア 指図する人が多いため，物事がうまく進まないこと。

イ すでに収まっている事柄に手を出して問題を引き起こすこと。

ウ 弱い者でも相応の意地をもっており，あなどってはいけない。

エ 流れにのって，すいすいと進むこと。ものごとが順調に進む。

オ 他人によくしておけばやがて自分のためになるものだ。

カ 物事が巡り巡って思いがけないところに影響を与える。

6 ウ

7 オ

8 ア

9 カ

10 イ

11 エ

問題 次の□に漢字を入れて，四字熟語を完成させなさい。(□が2つあるものは，同じ漢字が入ります。)

☑ **12** 暗□模索

☑ **13** 空前絶□

☑ **14** 平身□頭

☑ **15** □画□賛

☑ **16** □期□会

☑ **17** 日□月歩

☑ **18** □尾一貫

☑ **19** 右□左□

☑ **20** □信□疑

☑ **21** □人□色

12 中

13 後

14 低

15 自

16 一

17 進

18 首

19 往

20 半

21 十

次の□に漢字を一字ずつ入れると，あとのア〜オの意味を持つ慣用句になる。□に適切な字を入れ，意味を記号で答えなさい。

☑ 1 目から□へ抜ける
☑ 2 白羽の□が立つ
☑ 3 □を長くする
☑ 4 □を折る
☑ 5 □を割る

1 鼻・イ
2 矢・オ
3 首・ア
4 骨・エ
5 腹・ウ

ア 期待しながら待つ。　イ とても賢く理解が早い。
ウ 本心を打ち明ける。　エ 苦心して世話をする。
オ 多くの人の中から選び出される。

問題 次にあげたことわざや慣用句の（　）にあてはまる野菜や魚介類をあとから選んで，記号で答えなさい。

☑ 6 海老で（　）をつる
☑ 7 （　）役者
☑ 8 （　）の頭も信心から
☑ 9 （　）は食いたし命は惜しし
☑ 10 磯の（　）の片思い
☑ 11 （　）を洗うよう
☑ 12 （　）を読む
☑ 13 秋（　）は嫁に食わすな
☑ 14 （　）の寝床
☑ 15 （　）の大木

6 カ
7 ア
8 キ
9 ク
10 ケ
11 イ
12 オ
13 エ
14 コ
15 ウ

ア 大根　イ 芋　ウ うど　エ 茄子
オ 鯖　カ 鯛　キ 鰯　ク 河豚
ケ 鮑　コ 鰻

問題 次の四字熟語の意味をあとからさがして，記号で答えなさい。

☑ 16 以心伝心
☑ 17 奇想天外
☑ 18 一心不乱
☑ 19 夏炉冬扇
☑ 20 有為転変
☑ 21 青天白日

16 ウ
17 イ
18 ア
19 エ
20 オ
21 カ

ア 一つの事に集中し，気を散らさないこと。
イ 思いもよらない奇抜なこと。
ウ 言葉でなく気持ちが伝わること。
エ 季節はずれで役に立たないこと。
オ 世の中は常に移り変わっていくものだ。
カ 心にやましいことがまったくないこと。